एक क़स्बाई लड़की की डायरी

(आरम्भिक संकलनों से एक संचयन)

एक क़स्बाई लड़की की

डायरी

(आरम्भिक संकलनों से एक संचयन)

अनामिका

वाणी प्रकाशन

वाणी प्रकाशन

4695, 21-ए, दरियागंज, नयी दिल्ली 110 002

फ़ोन : +91 11 23273167 फ़ैक्स : +91 11 23275710

शाखाएँ

अशोक राजपथ, पटना 800 004, बिहार

कॉफ़ी हाउस कैम्पस, महात्मा गांधी मार्ग, इलाहाबाद 211 001, उत्तर प्रदेश

महात्मा गांधी अन्तरराष्ट्रीय हिन्दी विश्वविद्यालय, वर्धा 442 001, महाराष्ट्र

सुल्तानिया रोड, मोतिया पार्क, भोपाल 462 001, मध्य प्रदेश

www.vaniprakashan.in
marketing@vaniprakashan.in
sales@vaniprakashan.in

EK KASBAI LADKI KI DIARY
by Anamika

ISBN : 978-93-89012-98-9
Poetry Collection

प्रथम संस्करण 2019

मूल्य : ₹ 275

जयंत प्रिन्टरी एलएलपी, मुंबई-2 में मुद्रित

वाणी प्रकाशन का लोगो मक़बूल फ़िदा हुसेन की कूची से

प्राक्कथन

बचपन में कवि-पिता, श्यामनन्दन किशोर के साथ कविता की 'अन्त्याक्षरी' और 'समस्यापूर्ति' खेलते हुए जो काव्य-यात्रा आरम्भ हुई, उसने चीज़ों को गौर से देखना और ध्यान से सुनना निश्चित ही सिखाया! तब से अब तक कविता का परिदृश्य काफ़ी बदला है! आई.टी. प्रोफ़ेशनल की लय में कविता-प्रोफ़ेशनल बढ़े हैं! पूरे वर्ष में अनगिनत काव्य-पाठ हर संस्था कराती है! विदेशों में रचनात्मक लेखन की जो कक्षाएँ लगती हैं, उनमें सबसे ज़्यादा प्रत्याशी काव्य-लेखन की ओर उन्मुख होते हैं! हालाँकि कविता नाम की यह विधा स्वयं 'प्रतियोगिता' के परे जाकर 'सहकारिता' में रमने की बात कहती है (नाटक से संलाप, कथा से कथानक, संगीत से लय, चित्रकला से बिम्ब लेकर बढ़ता है इसका शिल्प), फिर भी हज़ार 'काव्य प्रतियोगिताएँ' आयोजित होती ही रहती हैं। 'इण्टरनेट' जब से हवाई फायर के गुरिल्ला बेस की तरह विकसित हुआ है, रात-बिरात 'वॉट्सऐप' समूहों पर कविताएँ कुरुलिया चिड़िया-सी लगती हैं चूँ-चूँ करने! देशी-विदेशी कविताओं के अच्छे अनुवाद जो 'इण्टरनेट' पर सहज उपलब्ध हैं, उससे नये कवि भरपूर गपशप करते हैं जिससे काव्य-भाषा गहरे अर्थों में अन्तःपाठीय हुई है—चटक, शोख, चुटीली!

मेरे पुराने संकलनों से भी कुछ कविताएँ अन्तर्जाल पर और समवेत संकलनों में उपलब्ध हैं, पर ज़्यादातर संकलन बाज़ार में उपलब्ध नहीं, इसका उलाहना समय-समय पर शोधार्थियों और नये पाठकों से मिलता रहा जिन्हें पुस्तकालयों से या मेरे पास बची इकलौती प्रतियों के फ़ोटोस्टेट से एक लम्बे समय तक काम चलाना पड़ता! उन्हीं के स्नेहादेश पर नये कलेवर में वाणी प्रकाशन इन्हें पुनर्मुद्रित कर रहा है, इसका आभार!

मेरा पहले दोनों संग्रह 'शीतल स्पर्श एक धूप को' और 'गलत पते की चिट्ठी' क्रमशः 1975 और 1978 में विहार ग्रंथ कुटीर से छपे थे। मेरे स्कूल की डायरी से उतारकर माता-पिता ने सहज स्नेहवश वे कविताएं निकालकर 'एक कस्बाई लड़की की डायरी' बनी है। 'समय

के शहर में' 1990 में छपा था, 'बीजाक्षर' 1993 में, 'अनुष्टुप्' 1998 में, 'कविता में औरत' 2005 में, 'दूब-धान' 2007 में ।

मैं मुजफ़्फ़रपुर से उच्च शिक्षा के लिए दिल्ली विश्वविद्यालय 1982 में आयी। 1982 से 1998 तक के मेरे ये वर्ष इतने नये तरह के अनुभवों के कपाट मेरे सामने धकाधक खोलते चले गये कि मैं दंग। इसी बीच पिता का साया भी सर से उठ गया। मात्र इक्यावन साल के परमस्नेही और हँसमुख पिता ये कहकर गये कि मृत्यु का मातम क्या मनाना, उसी तिथि पर 'गुड़िया' की शादी कर देना जिस पर मैं तय कर गया हूँ... और महीने-भर के भीतर शादी कर भी दी गयी! लम्बे समय तक तो मैं अवाक् ही रही। उसके बाद धीरे-धीरे जो कविताएँ फूटीं—उनका छन्द नयी माँ के दूध की धार का ही छन्द था! देखते-ही-देखते वात्सल्य मेरे जीवन का स्थायी भाव बन गया! नयी माँ और नयी कॉलेज-टीचर की आँखों से जीवन-जगत् की जो विडम्बनाएँ पढ़ीं, उनका ही सजग साक्ष्य वहन करते हैं ये आगे के सारे संग्रह!

अपने 'समकाल' की पड़ताल करने चलूँ तो कुछ साझा लक्षण सामने आते हैं। मेरी पीढ़ी के अन्य कवियों से मेरा संवाद धीरे-धीरे ही बना और नब्बे के आस-पास ही। सोवियत संघ के विघटन के अवाक् दिनों में।

—अनामिका

वक्तव्य

वैयक्तिक, सामाजिक, भौतिक, आधिभौतिक जीवन की कोई भी तकलीफ़ जीवन की विडम्बनाओं की एक महीन-सी समझ मनुष्य में अनजाने विकसित कर देती है। पीड़ा इसी अर्थ में प्रक्षालक है—मुक्ति के द्वार खोलने वाली। सृजन के क्षण एक गहरे एकान्त-बोध की उपज होते हैं। यह एकान्त-बोध वितृष्णा या मोहभंग-जन्य क्षणिक मरघट-वैराग्य नहीं होता। यह होता है विडम्बनाओं की पहचान के बाद की निस्संग दृष्टि जो सृष्टि के पहले के महाशून्य से उपजी थी जब ईश्वर को भी अकेला-अकेला-सा लगने लगा था।

शुरू में सिर्फ़ अँधेरा ही अँधेरा था, जल ही जल—फिर शब्द फूटे। शब्द अँधेरे से ही फूटते हैं। यही शब्दों की नियति है—प्रकारान्तर से कविता की नियति। शब्द प्रकाश की वर्णमाला हैं—प्रकाश की पहचान का आदिसूत्र, बीजमन्त्र। अँधेरे में रास्ता टटोलने के लिए जली दियासलाई।

शुरू में आदमी चाहता है इस एकान्त को थपकियाँ देकर सुला देना, क्योंकि यह तंग और बेचैन करता है। पर होता यह है कि थोड़ी देर के लिए बाँहों में ऊँघ भी जाये तो अचानक यह एकान्त लगता है बजने—और इस पर पड़ी थपकियाँ नगाड़े पर पड़ी थपकियाँ बन जाती हैं। इसी प्रक्रिया में शब्द परमाणुओं की तरह नाचते-काँपते कविता की शक्ल में सज जाते हैं ज़रूर, पर जो कहा जाना है—वह कहने से छूट जाता है—हमेशा।

इस उत्तर-आधुनिक परिदृश्य में कविता की स्थिति डाक में खोयी उस चिट्ठी की सी है जो चाहती है कहीं पहुँचना, पर पहुँच नहीं पाती। इस कठिन समय में जब समय से स्थान, देह से मन, समष्टि से व्यष्टि विच्छिन्न हो चला है (नाभिकीय नाल की) उनकी आपसी पकड़ छूट गयी है और 'आकाश से धरती की बन्द है बातचीत'—कविता चाहती है संवाद—आत्मा का आत्मा से, प्रिय का प्रिय से, कटु का मधु से, कल्पना का यथार्थ से, शिल्प का कथ्य से, इन्द्रियों का इन्द्रियों से, सुख

का दुख से, रूप का अरूप से, भाव का रस से, अतीत का वर्तमान से, परम्परा का प्रयोग से—मनुष्य का मनुष्य से। नैहर आयी बेटी से माँ का जैसा अविरल, अभंग, सतत प्रवहमान, सरस हृदय संवाद होता है—कुछ वैसा ही संवाद कविता जन-जन से चाहती है। घर के किसी कोने में अनादृत पड़े वयोवृद्ध, ज्ञानवृद्ध अभिभावक की तरह कविता चाहती है लोगों के सूक्ष्मतम भाव-तरंगों, सुख-दुख, उत्थान-पतन से जुड़ना, पर लोग उसे अभेद्य, अबूझ और अप्रासंगिक समझकर किनारा किये रखते हैं और उसका संवाद हमेशा अधूरा रह जाता है।

संगीत से ताल-छन्द-प्रवाह, चित्रकला, मूर्तिकला से बिम्ब, वास्तुकला से शिल्प और स्थापत्य, नाट्यकला से संवाद, कथा-जगत् से विवरण लेकर कविता अस्मिता से जुड़े गम्भीरतम सत्यों का सन्धान चाहती है। कविता चाहती है हमारे सपनों, हमारी जातीय स्मृतियों को अपना दूध पिलाकर हमेशा के लिए सुरक्षित कर देना। हमारे भीतर का जो कुछ भी कोमल, उत्कृष्ट, मधुर और प्रांजल है—उसका ही बीमा चाहती है कविता।

भाव का अभाव से सम्बन्ध चूँकि घनिष्ठ है, कविता वहीं फलती-फूलती है जहाँ राजनीतिक-सामाजिक-आर्थिक उत्पीड़न का इतिहास लम्बा हो। एशियाई, अफ्रीकी, लातिन, अमरीकी, जर्मन और पोलिश कविताएँ विश्व की बेहतरीन कविताएँ शायद इसलिए हैं कि इन भू-खण्डों ने झेला-भोगा-सहा बहुत है। स्त्रियाँ—विश्व-भर की स्त्रियाँ एक अलग नवोदित राष्ट्र-सरीखी धीरे-धीरे जगती हुई उत्कृष्ट साहित्य रच रही हैं और दे रही हैं एक ऐसी दृष्टि जिसे सारी सृष्टि ही परमाणु के नाभिकीय बन्ध के भीतर नाचती हुई दिखाई दे।

—अनामिका

अनुक्रम

शीतल स्पर्श एक धूप को, 1975

कुछ क्षण-चित्र 15
गूँगा गायक 18
मन मेरा जाड़े का बिस्तर 19
हवा को एक निवेदन 20
रामायण के पृष्ठ पलटते हुए 21
आदेश : अपने गीतों के गायक को 22
बिखरे से कुछ प्रश्न : सन्दर्भ आकाश का 23
इन्द्रधनुषी सान्ध्य-नभ 24
रद्दी की टोकरी 25
आषाढ़ में 26
पौष में 27
पतझड़ में 28
अमूर्त्त सत्ता के कानों में... 29
खीझ 30
नहा रहा नीलगगन 31
शरद पूनो की रात 32
मेर सहेली विजयलक्ष्मी दास की पेंटिंग 33
जाल-जंजाल 34
कौन बतायेगा कि... 35
अब हूँ सयानी मैं 36
मन इधर उड़ा, मन उधर उड़ा 37

गलत पत्ते की चिट्ठी, 1978

गलत पते की चिट्ठी 41
परिवर्तन 43
ज्ञापन 44

मध्यस्थ	45
कोयल नारेबाज	47
तूफ़ान आ रहा है शायद	48
पीली साँझ	49
सीटियाँ बजाती दोपहर	50
चाँदनी, लो, अन्ततः पारित हुई	51
मूल्यांकन	52
बूढ़ा दर्ज़ी	54
भाई सुक्खन महतो के नाम	55
कहती है चम्पा की डाली	57
साईस चाँद	58
घुँघराला दिन	59
रे हताश ब्रह्मदण्ड	61
अलसाया पाखी	62
परिवर्तन	64
गर्मी की दुपहरिया में चटनी	65
उत्तराधिकार	66
किरणों के थन	68
घड़ी के नाम	69
मेरा घर : दस आयाम	71
युग का मुजरा	74
ऐसे झाँकी धूप	75
सन्नाटे	76
सुबह	77
दोपहर	78
शाम : एक	79
शाम : दो	80
रात	81
कुछ क्षण-चित्र	83
समय	84
रात	85
जेठ	86
कोहरे का शहर	87

दिन	88
रोशनी	89
ये पत्थर	90
कहीं सुर ही नहीं मिलता	91
देह टूटती है लोगों की	92
ज़मीन से फ़रार हूँ	93
बारिश : दो	94
नब्बे के बाद की कविता क्षतिपूर्ति-सिद्धान्त के साथ सामने आयी थी	95
स्त्री-कविता का ठिकाना	103

शीतल स्पर्श एक धूप को

1972

कुछ क्षण-चित्र

(कवि पिता से 'मुसबिलवा' की गपाष्टक)

(1)

कौन बूढ़ा दर्ज़ी
कर रहा है तुरपई
इन काले बादलों में
झिलमिल धागे से?
(मिचमिचाती आँखों से उसकी चूती हैं
पानी की बूँदें
जैसे कि भोला दर्जी की आँखों से)

(2)

मेरे ये अनगिन संकल्प
रेत के घरौंदे हैं।
कुछ कीजिए कि ये जादू से हो जाएँ।
एलिफैंटा की गुफाएँ
सदियों तक
उनकी दीवारों पर
आकृतियाँ
फूलें-फलें!

(3)

धुआँ उठा ऐसे
जैसे उठती है कुबड़ी माई।
पिढ़िया से।

(4)

सुख छोटे-छोटे,
नन्हे-नन्हे दुख—
खेल रहे हैं हाथ पकड़े हुए,
बना रहे हैं 'रिंग ऑफ़ रोजेज़'।
ड्रिल-मास्टर की तरह
मैं खड़ी हूँ हाँफती-काँपती,
फूँकती हुई पूरी ताक़त से
एक अदद जीवन
ह्विस्लिंग पाइप-जैसा।

(5)

तुहिन-कणों से सद्यः-स्नाता
नभ की गृहिणी,
सिन्दूरी है माँग क्षितिज की
तेरी स्वर्णिम टिकली तरणि।
पिढ़िये पर उजले बादल के ऐसे टिककर
किस डगरे में फटक रही तारों के चावल?
(हरसिंगार की छिटक खुद्दियाँ
भरें धरा का फैला आँचल!)

(6)

उस उत्पाती को कहाँ पकड़ूँ
जिसने—

पहले तो स्याही की भरी बोतल
उलट दी फ़र्श पर,
बाद को फोड़ डाला थर्मामीटर?
देखिये,
उस स्याह हुए कोने में
पारे के नन्हे बुँदके छितरे हैं,
या सान्ध्य-नभ में कहीं
तारे बिखरे हैं—मुट्ठी भर?

(7)

मेघों में आज चाँद चिनक गया।
यह रात
कहाँ चेक करे झुर्रियाँ अपनी, दादी माँ?
पुच्छल तारे की झाड़ू से
तारों के तिनके कौन बुहारे?
साँसों में खुशबू लिए
हवा चली हौले-से तो
तालाब काँपा!

(8)

बना रहा है दाढ़ी आसमान,
मेघ की कटोरी में
फिटकिरी दर्दों की
घुलती है धीरे-धीरे!

15.07.1970

गूँगा गायक

जीवन का संगीत मुखर है
अवरोहों में मेरे।
गायक मेरे अन्तर का गूँगा है।
लो, भावों के शिरोरेख पर
झूल गये चेतन के अक्षर
फन्दे स्मृति के डाल गले
तड़पे घुट-घुट कर,
एक शाश्वत कविता
उतरी है मानस पर।
कौन इसे पढ़ पाये मगर
कि यह अँधेरी स्लेट पर
गाढ़े धुएँ से है लिखा।

08.12.1972

मन मेरा जाड़े का बिस्तर

इस बिस्तर पर अधलेटी सी
ओक्का-बोक्का
खेल रही थी
अभी-अभी तो,
ऊँघ गयी?

आधी सोई, आधी जागी
प्रीत हमारी,
इधर सुनो तो,

झिपते हैं ये नैन तुम्हारे,
सो जाओगी?
शेष कथा फिर मेरी कौन सुनेगा?
अलसायी-सी करवट फेरी,
सो जाओगी?
अकथ व्यथा फिर मेरी कौन सुनेगा?
बाँहें ये सुकुमार ओढ़ कर
कन्धों पर
जो सो जाओगी,
धड़कन मेरी बोलेगी,
चैतन्य तुम्हारा मौन सुनेगा।

17.11.1972

हवा को एक निवेदन

जीवन:
लहरें :
चट्टानें
ऐ हवा!
या तो-हो निश्चल
कि लहरें हों शान्त
या बहो इतनी ज़ोर से
कि खिसक जायें चट्टानें
किनारे से दूर।

11.11.1972

रामायण के पृष्ठ पलटते हुए

कई बार मन की सीता ने
लाँघनी चाही है
मर्यादा की वह लक्ष्मण-रेखा
जिसके पार वर्जनाओं के घने जंगल शुरू होते हैं।
हर बार एक चेतावनी
सुनहरे मृग की खोज में भटकते
संस्कारों के राम की
गूँजी है कानों में,
उसके पैर थमे हैं।
कितने ही रावण आये द्वार पर,
याचना भरे स्वर में पुकार लौट गये,
यह सीता
सपनों की पर्ण-कुटी की
किसी एक दीवाल से टिकी
खड़ी रह गयी,
हुई व्याकुल, नहीं विचलित मगर।
लेकिन यह प्रश्न तो जहाँ का तहाँ है—
क्या करुणा से भी बड़ी
वर्जना?

21.11.1972

आदेश : अपने गीतों के गायक को

मैं जो पाँख पसारूँ,
तुझको उड़ना होगा।
नैनों के दोनों में मनके भरना होगा
मैं जो हाथ पसारूँ...।
मेरा हर उच्छ्‌वास निनादित
तेरे सुर में,
मुखरित मेरा मौन रहा है
सुगबुग तेरे ही अन्तर में।
गूँगी,
मेरे पाण निकल।
विकृतियों में मेरी
तुमको ढरना होगा।
उन्हें मान पा,
कण्ठ-दान पा,
अवरोहों-सा झड़ना होगा।

17.03.1973

बिखरे से कुछ प्रश्न : सन्दर्भ आकाश का

गहन उस नीले सागर में—
फेनिल धाराएँ हैं।
मेरी नाव क्या उस पार लग पायेगी?
नीलम के उस चमचम पट पर
हीरे के कुछ लम्बे-पतले टुकड़े कटे धरे हैं।
मेरी यह निधि किसने लुटाई है?
नीली उस चुँदरी में
कुछ उजली चिप्पियाँ टँकी हैं।
मेरे आँचल के नीचे ब्रह्माण्ड समाया है क्योंकर?
नीलाभ पुतलियों वाले कातर
नयनों के विस्तार,
बता दे तू ही!

18.04.1973

इन्द्रधनुषी सान्ध्य-नभ

इन्द्रधनुष की बाँहें
उसके कन्धे पर,
दबी पार्श्व काँख में काली कमली काले बादल की
और हाल में उसके सूरज का गट्ठर!
ढलती किरणों की स्वर्ण-सड़क का एक मोड़!
किसी सफ़र पर नील-गगन को जाना है,
इन्द्रधनुष से बहुत दूर, हाँ, बहुत दूर।
इन्द्रधनुष है शोक-विकल,
नीलगगन है मोह-मुक्त-सा, अटल, धीर।

05.08.1973

रद्दी की टोकरी

किसी के पैरों से लगकर
रद्दी की टोकरी उलट गयी है।
फ़र्श पर पड़ी हैं
मुड़ी-तुड़ी कुछ पातियाँ
ऊबते मन और सरसरी निगाह से पढ़ी गयी।
पास ही छितरी है
जूठी सिगरेटें और सलाई की अधजली तीलियाँ।
कुछ दूर पर बिखरी हैं
नीली-पीली कतरनें,
एक पुतुल कपड़े की,
एक ओर
छिलके कटी भाजियों के, कुतरे फल।
है सबके तले दबी
एक टूटी बाँसुरी।
जीवन का सारा संगीत बिलबिलाता है—
मक्खियों की भन-भन में।

19.08.1973

आषाढ़ में

सूरज के नाग ने
किरणों के दाँत
धरती के तन में
चुभाए।
विष ताप का फैला।
नभ-पथ पर दौड़े
मेह-वैद्य सारी दिशाओं से
पाकर बुलावा
हवा के पड़ोसी का।
छिड़की उन्होंने
जल-औषधि!

11.01.1970

पौष में

हिम की दुलाई में सिमटी
माँ धरती।
पौधे उसकी
छाती से लगकर सो ही गये
उस दुलाई के अन्दर।
बड़े भाई-बहनों से पेड़
चढ़े उसकी गोदी में
उस दुलाई के अन्दर से
झाँक रहे हैं चोरी-चोरी।
खाँसी से रुद्ध है गला,
शायद इस कारण
लोरी गाती माँ की स्वर-झंझा
बझी-बझी सी है!
ग्लाइकोडिन
चाहिए?

12.03.1971

पतझड़ में

मुरझाती लता से लगे
सुनहरे, मसृण, रेशों के गुच्छे—
केशों के गुच्छे,
बहुत कमज़ोर हैं,
(अपक्व मानस की आस्था हैं क्या?)
कंघी हवा की हल्की भी फिरती हैं इनपर
तो टूटते हैं
(प्रौढ़ हुए सम्बन्धों की भाँति दुःखदायी)
ऋतु का प्रभाव है,
(ऋतु के प्रभाव से अछूता तो कोई नहीं होता)
इन्हें सुलझाने का,
पत्तियों के फुँदने लगाकर
चोटियाँ बनाने का
संकल्प लेकर जो बैठी हैं
उन उँगलियों का
ये कम्पन
महसूस करती हूँ
रग-रग में।

05.01.1974

अमूर्त्त सत्ता के कानों में...

स्नेह का दीप निष्कम्प तुम बाल गये
मन की अँधेरी गुफ़ा में।
देख लिये मैंने
स्वप्नों के जाले बेडौल
भावों के अनगढ़ पत्थर की
धूमिल दीवालों पर
और ऊँघते देखे उनपर मकड़े कई संस्कारों के।
ऐ पहला और अन्तिम
दीप जलाने वाले,
अपना परिचय दिया नहीं,
पर मेरा परिचय तो दिला दिया तुमने मुझे।

03.02.1974

खीझ

रूठे शिशु-सी
लोट गयी चाँदनी
धरा पर
छिटककर गोद से
चाँद पिता की,
लगी देने थपकियाँ
माँ हवा
गालों पर प्यार से
सूखी हुई पत्तियों का झुनझुना झुलाते हुए।
मान-मनौवल में सारी यह रात गुज़र जायेगी।
रूठने के बहुत-से बहाने हैं,
रूठने की इच्छा भी होती है,
किन्तु रूठूँ मैं किससे,
कौन मनायेगा?
आँखें तन्द्रिल हैं,
बाँहें अलसायी हैं,
(रग-रग शिथिल सबकी)
किसी को किसी की सुध ही कहाँ।

05.08.1974

नहा रहा नीलगगन

पिचकारी से किरणों की
टेसू-सा रंग उलीच गगन पर
कहीं छिप गया है सूरज।
बेमौक़े की इस होली पर
खीझा-खीझा नीलगगन
है नहा रहा—
देह पर फिसलता है
बादल का उजला टुकड़ा
जैसे साबुन का झाग।

15.07.1974

शरद पूनो की रात

तो ऐसे टूटते हैं मंगलसूत्र?
ये जो मनकों-से तारे बिखरे हैं–
किसका मंगलसूत्र टूटा है?
क्षितिज माँग से
जिसका भी सिन्दूर पुँछा
लगे छितरने तम के कुन्तल उसके धीरे-धीरे।
टूटती चूड़ियों की तड़क
लगी तिरने हवा में।
धूप की पीली चुनरी उतर गयी
फिर देह पड़ी उसके शुभ्र कौमुदी की चादर
रात है या लिली मौसी यह मेरी–
गीता के अध्यायों से चुन-मुन
औंधे मुँह लेटे हुए
उसकी छाती पर।

09.07.1973

मेर सहेली विजयलक्ष्मी दास की पेंटिंग

(प्रथम पुरस्कार मिला है जिसको)

किशमिशी अम्बर!
अंगूरी धरती!
किसी की सर्द आह-सी हवा!
रेशमी चाँदनी!
मखमली पकने लगे नीबू की गन्ध!
करवटें बदलती नदी!
नवनीती तन!
पथरीला अन्तःस्थल!
सपनों-सी बिखरी शेफाली!
खरगोशी कुहरा!
गिलहरी हुए क्षण!
डबडबायी आँखों की पुतलियों-से तारे!
पनीली स्मृतियाँ!
दूधिया मौन!
काँप उठे अधरों-से पत्ते।

05.08.1974

जाल-जंजाल

तैरती हैं
यादों की मछलियाँ
सागर की आँखों में
फँसा नहीं है उनको पाती
उलझन की जाली।
मन के झूले में जो
सोया है प्रीत-शिशु
तकिए-सा
बाँहों में दुनिया समेटे।
उड़ती हैं
सपनों की तितलियाँ
उपवन में आँखों की।
फँसा नहीं है उनको भी पाती
उलझन की जाली।

07.02.1974

कौन बतायेगा कि...

चन्दा की गुच्ची में
तारों के कंचे
कौन शिशु रह-रहकर पिला रहा?
श्यामविवर इसको ही कहते हैं क्या?

08.01.1973

अब हूँ सयानी मैं

टूटते चले गये वहम।
चिनक गया मन।
एक नहीं,
कितने ही
रूप इस सृष्टि के
प्रतिच्छायित इसमें अब।
अनुभव की बत्ती पर
कन्दील-सी टँग गयी।
भावों की श्वेत नहीं,
बहुवर्णी किरणें
अब निःसृत करती यह।
अच्छा है,
अब तो माँ
झिड़केगी नहीं न
कहकर यह–
बुद्धू हो,
आदमी को सीखो पहचानना।

15.08.1974

मन इधर उड़ा, मन उधर उड़ा

अस्फुट कविताएँ मेघों की
अम्बर के उर में उमड़ रहीं।
मीठी सिहरन ले डैनों में
मन इधर उड़ा, मन उधर उड़ा।
मैंने टोका—इस मौसम में, मन,
आकुल-से यों कहाँ चले?
मन बोला—गुटरुम गुटुर-गुटर,
ऐसे में कैसे रुकूँ भला
जब गीत बरसने वाले हैं?
भीगेगा धरती का अन्तस्,
फिर स्वप्न सरसने वाले हैं।
सरसे सपनों को चुगना है,
भीगे अन्तस् के क्षितिजों पर
बन इन्द्रधनुष फिर उगना है!
नीले-पीले डैने मेरे,
ऊँचे-ऊँचे सुर सधे हुए!
औरों के सप्तक साध सकूँ,
इसलिए और, पर, सधना है।
तुलसी-चौरों के इर्द-गिर्द
कब तक मँडरायेगा कोई?
विस्तार बड़ा!
विस्तार बड़ा देगा उधार,
देगा उधार यह नीलगगन।

15.08.1975

गलत पते की चिट्ठी

1978

गलत पते की चिट्ठी

प्राणों में घिर आयी पावस की शाम
दूर-दूर मौन के तड़ाग छलक गये।
स्मृतियों की नीली आँखों वाली गुड़िया
जूतों के डिब्बों में बिठा बहा आने को
गीतों का शैशव कटिबद्ध।
कौतुक-विमुग्ध कोई बूढ़ा खन्नास
बादलों का हुक्का गुड़गुड़ाता
ऊबड़-खाबड़, टूटे-अधटूटे, पर चमचम
दाँत खोल हँसता है—
ख़ासी पवित्र, किन्तु टूटी-सी एक हँसी।
सपनों की भिखमंगिन
पास के दालान में
सिमटी-सी फाँक रही
मेहराया भूँजा।
कच्ची कसैली-सा
ताड़ों की ओट से
रह-रहकर झाँकता है जाता चाँद
जैसे कि बैठक में
पसिनाई गृहिणी का इतना-सा चेहरा
यह भाँपता,
कि किसकी थाल में क्या घट रहा?
दिन-पर-दिन
कसी चली जाती
चित्थड़ चोली
बार-बार खींच रही
भीगी मुँडेर पर

पालथी दिये बैठी
पाठ पर झुकी-सी वह
दसवीं की लड़की।
पास ही सुलगता अलाव का है सीना—
ढेर सा धुआँ बाँचता!
हड़बड़ में गिरा गया
गलत पते पर चिट्ठी
कीचड़ में लतपथ
वह कुबड़ा-सा डाकिया।
पंखों से बूँदें झटकते-से
कुछ कपोत बैठे हैं खिड़की पर
क्या कोई दौत्य निभा पायेगा?

11.06.1975

परिवर्तन

धूप ने गिरवी रख चाँदी
गिल्लट है पहनी जबसे,
सूरज मेरे कन्धों की
ओट ले ढलता है।
अलगनी से दोपहर उतरती है
धुली-धुली, पर तुड़ी-मुड़ी-सी।
मेरे घर के आस-पास
बस कौवे उड़ते हैं।
नीड़ नीलकण्ठ का दूर,
बहुत दूर है।
दूर और अलक्षित।
दशमियाँ भी बीतती हैं
यों ही, बन्धु
तारों के गोकुल से
वंशी-रव आती है।
आज भी टहनियों पर
फूलती ऋचाएँ हैं,
पर मेरी सन्ध्याएँ
गीत क्यों नहीं चुगतीं?

11.11.1975

ज्ञापन

नील नयनों में सुबह के स्वप्न सा
वह एक तारा-पंक्ति से छूटा हुआ।
पंक्ति से छूटे हुओं को प्यार मेरा।
बिन झकोरे आज आँचल में
झड़ी हैं जूहियाँ।
शाख से टूटे हुओं को प्यार मेरा।
गीत भूले, अनमनी-सी
उड़ रही हैं कोयलें।
सृष्टि से रूठे हुओं को प्यार मेरा।

21.11.1975

मध्यस्थ

खनन-खनन हँसती-हँसती
कमरे में आयी चाँदनी।
ओस-घुले कचनार बिखेरे और कहा...
"ये सर्द उजाले लोगी?"
मैं सिमटी–
"ना, महँगे होंगे।"
"महँगे? महँगे कहाँ?
चार-छः कतरे सपनों के दे दो।"
मैं चौंकी, उसकी ओर मुड़ी, फिर
कातर आँखें देख कहा–
"जी, कौन लोक से आयी हो
सपनों का मोल लगाती-सी?
रंग-बिरंगे, षट्मुख-चौमुख–
जैसे चाहो, सपने चुग लो,
हर कोने में ढेर लगी है।
बिना मोल बिकते हैं सपने,
यह धरती है।"
"सोने के हैं या चाँदी के" सरला चहकी।
"ऐसा है–हम धरती वाले
सहज लचीले, ठेठ रबड़ के
या फिर बिल्कुल हल्के-फुल्के
मोम कचकड़े के ही सपने गढ़ते हैं।
चलते हैं, जब तक चलना हो,
टूटें, तब भी क्या है।"
वह फिर हँस दी,
कचनार समेटे और कहा–

"तब तो मुश्किल है।"
हौले से मेरी नस फड़की,
मैं मौन रही।
कुछ क्षण तनाव में बीत गये।
तब सहसा नन्ही बूँद एक
घुटने के बल बढ़ती-बढ़ती
सिर से बायें भ्रू तक पहुँची,
एक साँस भरी,
फिर तुतले-तुतले बोलों में
कुछ यों बोली–
"श्रम-सीकर हूँ,
तुम तो मुझको
पहचान नहीं पायी होगी।
छोड़ो इनको, मुझसे बोलो–
क्या मोल माँगती हो
इन सर्द उजालों का?
कितना सोना? कितनी चाँदी?
कितना आतप? कितनी आँधी?
बो दो मुझको, फिर जो चाहो,
वह रूप लिए उग आऊँगी,
हूँ कल्पवृक्ष का बीज, सुना?"
चाँदनी सहमी, मगर हँसती रही–
"तो तुम्हारे मोल पर ही मैं इन्हें
कचनार अपने बेच दूँ, नन्हे मियाँ?
चलो माना, ज़रा
यह भी बताना...
कौन लगती हैं तुम्हारी ये भला?"
"जो तुम्हारा चाँद से रिश्ता, बहन,
आदमी की नियति से मेरा वही।"

05.05.1976

कोयल नारेबाज

“गुलमोहर है कम्युनिस्ट
तो कोयल नारेबाज!
सुबह से शाम तलक का साथ
देख लें, कब तक निभता है।
वसन्त कितने दिन शेष रहा जी?”—
कौवों की जात विचारा की,
तहखानों की छत पर गाड़े चोंच।
है त्राण कहाँ?—
चीखी मैना रोयी-रोयी।

15.06.1975

तूफ़ान आ रहा है शायद

यज्ञोपवीत उस अम्बर का–
यह इन्द्रधनुष,
लो, गया टूट।
करती हाहाकार दिशाएँ
फफक-फफककर रोती है,
है ठठा-ठठाकर हँसती
चौराहे पर पगली बेमतलब।
ख़ामोश खड़ा है देवदार–
भीतर-भीतर कुछ डरा हुआ,
जड़-तन्त्र दूर तक फैलाये,
बाहर से लेकिन निर्विकार
तूफ़ान आ रहा है शायद।
चिड़ियों के बच्चे,
कीट-पतंगे, चूहे, लोमड़,
श्वान तनय–
प्रायः सब-के-सब
घर भागे।
जो ठठे रह गये सड़कों पर,
अब तक करते खिलवाड़
राह की कंकड़ियों से,
क्या मनु-पुत्र नहीं वे ही?

17.06.1975

पीली साँझ

ताल के शैवाल से बचती हुई,
निकली नहाकर
गर्भिणी-सी साँझ—
बोझिलपाँव, पीली और प्रसन्न

16.03.1976

सीटियाँ बजाती दोपहर

वीथियों से नस की
सीटियाँ बजाती दोपहर एक
गुज़र गयी अभी-अभी।
नीम हुआ मन
लगा
लेने अँगड़ाइयाँ।

17.03.1976

चाँदनी, लो, अन्ततः पारित हुई

चाँद की फ़ाइल
ज़रा आगे बढ़ी
मेघ का बट्टा
मुहर बनकर पड़ा,
चाँदनी, लो, अन्ततः पारित हुई।
नुक्कड़ों पर बँट रहे
ताज़ा हवा-अख़बार में,
नारियल के एरियल ताने
हरे गुलज़ार में,
आँगनों में, बैठकों में,
ज़िन्दगी में, प्यार में–
हर कहीं चर्चित-समीक्षित जा बिछी।

बाबा की लुटिया का गंगाजल चाँदी!
दादी का झीना-झीना आँचल चाँदी!
पापा के चश्मे का शीशा भी चाँदी!
अम्मा के करछल की मुठिया तक चाँदी!
भैया की आँखों के छोरों में चाँदी!
भाभी की बिन्दी के कोरों में चाँदी!
दीदी के गीतों की खनखन में चाँदी!
चाची की हम सबसे अनबन में चाँदी!
तन-तन में चाँदी,
मन-मन में चाँदी,
ढूँढ़ो तो मिल लेगी
कण-कण में चाँदी।

17.07.1976

मूल्यांकन

वीणा पर मक्खी आ बैठी,
झन से चौंका तार।
झन से चौंका तार–
अरी ओ कलुषभोगिनी,
मुझ मधु-घट से तेरा
कैसा काम आ पड़ा?
जटाजूट में सुर-सुरापगा बाँधे
मुझ लय-चन्द्रचूड़ की
मौन-साधना खलती तुझको,
री चिरगुंजन?
ऐ चंचलमन, सर्वतिरस्कृत!
धीर भाव से मेरा
हर गोदी में जाना बैठ
तुझे उद्वेलित करता?
रोगबोधिनी,
क्या आयी है पास
शिकायत लेकर :
रामबाण हर आधि-व्याधि का–
छन्द-ताल-रस
क्यों जिस-तिस को बाँटा करती मैं ऐसे?
तीक्ष्णचक्षु, द्रुतगमन!
यदि तेरा है
इनमें कोई अभिप्राय नहीं,
निश्चय ही मुझ अन्धी-अपंग से
चुटकी लेने आयी तू!

सच ही तो है,
जो आये,
वो चुग ले गीतों के हरसिंगार,
सुन्दर-कुरूप में भेद
नहीं कर सकती मैं
आघात नहीं हल्का भी
डटकर सह पाती
मुँह फेर सिसक-भर लेना
मेरी किस्मत में।
(जितनी करुणा से रोती हूँ,
उतनी ही मस्ती छाती है)
मक्खी के थे, पर,
कान नहीं,
कूदी-फाँदी दो-एक बार;
पा सत्वहीन उड़ दूर गयी।

17.07.1976

बूढ़ा दर्ज़ी

कैसी वह तपस्विनी होगी
टहनी की राह पर
बिछी-बिछी आँखें—
ये पत्तियाँ,
हो उठतीं पनियाली जिसकी
हर शाम और
तब भी झिपतीं नहीं।
काजल ख़ुशबू का
है आती आँजने जब
स्मृतियों के घुँघरू
आँचल में टाँके
नाइन हवा की,
फिर जाना अकुलाकर उनका
क्या खण्डकाव्य जीवन का
काट-छाँट,
तोड़-मोड़
मुक्तक में ढाल नहीं है देता?
देखते-ही-देखते हो जाते
सन्दर्भ सारे हो जाते हैं छिन्न-भिन्न
कैंची क्षणों की
बहुत तेज़ चलती है।
बूढ़े दर्ज़ी को
जल्दी है हो जाती
छोड़ जाने की दुकान।

11.08.1976

भाई सुक्खन महतो के नाम

चुपचाप उतारा करती है
दस्ताने धूल के
नकचढ़े नल की क्षीण धार,
नभ के पैरों में मेहँदी जब रचती है।
दुखते हुए कन्धे
उचक नहीं सकते,
पर उबासियाँ
रिहर्सल होती हैं
सब-कुछ लील लेने के वास्ते
सिलाई होंठों की तोड़ने को।
कफ़न चाँदनी का
अब है बिछा—
मुर्दा हो जाने के कई कल्प बाद।
इमलियों-सी उँगलियाँ
देखने-भर को हैं,
ज़रा भी तो रस नहीं इनमें।
बँगले के कुत्ते
यदि गुर्राते नहीं यों,
रजनीगन्धाएँ ये तोड़ लेता।
गढ़े से बगल के
आती है बास।
लो, बाँसुरी बजाने की
किस किशन को सूझी?
गोप-बाला बन गयी है नींद।
सपने थी कात रही
देहली में आँखों की,

सुध-बुध खो दौड़ पड़ी
इधर-उधर सहसा ही।
तारों की मूँगफली
फाँकते अँधेरे-सा
एकाकीपन
स्मृतियों की कैंची
काट-छाँट देती है।
यद्यपि उगलती हैं
धुआँधार आहें
मन की मिलें,
और श्रमिक बोधों के
लगे सुगबुगाने हैं,
सायरन नहीं बजता।
भोर नहीं हुआ;
अभी भोर नहीं।

17.07.1976

कहती है चम्पा की डाली

होगा, सब कुछ अच्छा ही होगा,
पर धीरे-धीरे,
बहुत धीरे–
पंखुड़ी-दर-पंखुड़ी,
आदमी-दर-आदमी।
गन्ध सौमनस्क की
वीथि-वीथि बाँट जाओ,
री हवा।
हर आँचल में,
हम गुलाब भरें अब
लाल-पीले!

17.08.1976

साईस चाँद

तम की विराट् पेशानी पर
लौ का त्रिपुण्ड बस आडम्बर!
सूरज, महाजनी नहीं चलेगी,
चलो, तिजोरी ख़ाली कर दो
श्रीहत शशि के नाम।
ब्याज की सोचो भी मत, बन्धु,
प्राण संकट में हैं।
कि चकमक खंजर खोले
दौड़े आते हैं
रूखी, काली चमड़ी वाले
वे मेघ-खण्ड, देखो, कैसे!
वे दौर लद गये, प्रिय,
कि तुम आसन से टिककर
पिचके गालों वाले
इस साईस चाँद को
ज़रा भूल पर
डपट-डपट कर
फेरे लेते रहने का
फरमान सुना
निश्चिन्त भाव से
तारक-टंकित मखमल ओढ़े
सो जाते थे।
लूला था वह चाँद।
चाँद के बेटों की, पर,
हैं बाँहें पुख़्ता-पुख़्ता।

17.08.1976

घुँघराला दिन

रीठे से धुला-धुला
घुँघराला दिन
ढेर-ढेर मुश्किलों के बाद ही
सुलझता है।
कितने ही पके-अधपके क्षण
टूट-टूट फँसते हैं
व्यर्थ के विवादों के
चिनक चले कंघे में,
छोटी-सी एक किसी
लट का उद्धार
होता है जाकर तब,
या कि नहीं होता तब भी–
यह कौन कहे!
तर्कों की मेरी
फ़ैशनपरस्त आलियाँ
कहती हैं भँवें चढ़ा–
यह क्या जंजाल बढ़ा रखा है सामन्ती,
छाँट इन्हें डालो, जी!
स्मृतियों की बूढ़ी दादी माँ
कहती तो कुछ भी नहीं है, पर
बहुत विकल आँखों से
मुझे देखती है!
सो जा तू, दादी माँ
सो जा, निश्चिन्त सो।
अपना यह जंजाल प्यारा मुझे ख़ुद ही।

बँध-बँधकर खुलना
खुल-खुलकर बँध जाना
सदा खुला, बिखरा-सा
रहने से कहीं अधिक, कई गुणा
सुखकर है।
ये मेरी आलियाँ बहुत भोली
टल लेंगी कुल्हिया-भर चाय पर।

15.07.1976

रे हताश ब्रह्मदण्ड

झाड़ियों-से उग गये अँधेरे।
टोकरी में मेघ की
चाँद की हँसिया उठाये
भोथरी-सी
गुनगुनाती बढ़ गयी झट
भीलनी हवा।
हर प्रश्न का निदान कहीं आस-पास होता है,
चंचल-मन लहरों के
बीच से उठेगा जब
शान्ति-पाठ पूरा कर
तेजस्वी आर्ष पुत्र—
मुण्डितसिर, कौशेयधारी दिनमान,
चिरकुमारिका धरती का संयम टूटेगा।
कमलों की झीनी ओट लिए
खुल लेंगी तपस्विनी पलकें फिर
मैनाओं की चक्-चिक् में
धड़केगी छाती भी धक्-धक्!
हर प्रीति का वितान कहीं आस-पास होता है!
रे हताश ब्रह्मदण्ड, ढूँढ़ तो सही।
पीली आँखों वाला यह काला अम्बर
दाँत सभी भीचे, चुटिया खोले
किसी नये अर्थशास्त्र
के प्रणयन में तन्मय
बूढ़ा कौटिल्य है।
हर स्वप्न स्वाभिमान कहीं आस-पास होता है,
रे हताश ब्रह्मदण्ड, ढूँढ़ तो सही।

14.05.1976

अलसाया पाखी

भूलती है शाम कहीं बीच से
परियों की रूपल कहानी।
तारों के शैशव को
नींद नहीं आती—
आगे अब क्या है, माँ?
दानव का क्या होगा?
लहरों की अगर-मगर,
पीपल का निश्चय!
हैं उर में लौओं की
दोनों ही संचय।
तान्द्रिल है दीप्ति, मगर
तपिशों को पल-भर भी
नींद नहीं आती—
कल जाने क्या होगा!
हब्शियों के तितर-बितर हाथ
आसमान से
बरसा गये हैं उपल
चिनगियों वाले।
कलिखाये मर्त्तबान मेघ के
खँगालती
चिड़चिड़ी बयार को भी
नींद नहीं आती—
अब आगे क्या होगा!
भीग गये मोर-पंख
महुआ की बास से।
अलसाये पाखी ने

धीरे से शीश फिरा
तरुवर की बाँहें लीं थाम
जाने क्या आस लिए!
अनगाये गीतों को
नींद नहीं आती–
कुछ भी कैसे होगा!
चुभ रही चटाइयों के सिरे
बुना करते हैं हाथ
रात-रात-भर।
लगन चढ़े सपनों को
नींद नहीं आती–
कुछ तो अब होगा ही।

14.04.1976

परिवर्तन

आज तट की मौलश्री बोली लरजती
गीतों के दोनों में
लोक लो मुझे, क्योंकि
लहरों की अंजलियाँ
काँपती हुई-सी हैं!

x x x

भूरी मिट्टी, गीली मिट्टी!
वंशी में भर ली है मिट्टी।
होंठों पर पड़ गयीं पपड़ियाँ;
बजती नहीं ज़रा भी मिट्टी।
आओ, सुर बो ही दें!

x x x

बूढ़ा दर्ज़ी, प्यार मेरा
उँगलियों पर का नियन्त्रण
खो चुका है।
वसुधा के घावों की पट्टियाँ
कौन सिले?
पैरों में धूप के
नूपुर बँधते नहीं क्यों?
क्यों हर अँगीठी से
उठती लकीरों के
कूबड़ उग आते हैं
नीम की टहनियों तक
जाने के पहले ही?
आज प्राणों की पिकी रो ली सहज ही—
रास्ते में टोक दो मुझे क्योंकि
घर लौट जाना ही इष्ट है।

17.06.1976

गर्मी की दुपहरिया में चटनी

आँधियों में जब
टिकाले बीनते हैं लोग,
राम के अँगोछे में
छेद उभर आता है।
हर सीता नमक लिए चेहरे का
हाथों में
सिल-बट्टे धो-वोकर
करती प्रतीक्षा क्यों?
कितने लव,
कितने ही कुश
लू लगाये चले आते हैं गलियों से
घर वापस।

15.05.1976

उत्तराधिकार

छोटा-सा दिन
जैसे आपस की बात हो अधूरी!
सूरज पर थोड़ा मेरा थोड़ा अधिकार तुम्हारा हो,
कुछ हहरे मेघों का भी
तो दक्षिणमुख देहलियों तक
किरणों की राह मोड़ ले आयें हम,
जहाँ श्वेतकेश धूप
ज़रा देर तक ठहरकर
सीधी पीठ कर ले–
बूढ़े पीपल से जीवन के
सारे सुख-दुख बतियाती-सी।

x x x

दक्षिणमुख देहलियाँ पूछती हैं
धूप से–
तीन ही क्या बेटे थे राजा के :
उत्तर-पूरब पश्चिम?
दक्षिण क्या प्रोषित कुमार था?
नहीं अगर तो फिर
वितरण में किरणों की
कम-बेशी क्यों?
धूप नहीं, पर, कुछ कहती।
आँचल माथे पर खींच
विवश-सी बढ़ जाती है।

x x x

दक्षिणमुख देहलियाँ काँपती हैं क्रोधवश

सोचती-सी मौन हूँ–
होगा भूचाल क्या प्रतीक्षित?
और मन एक बार
सृष्टि सारी भर बाँहों में
तारों से, फूलों से, गीतों से सबको
बहलाकर, दुलराकर
सुख की नींद सुला लेने का
हो उठता है।

18.08.1976

किरणों के थन

आज सवेरे, बहुत सवेरे
दूर कहीं पर गाय रँभायी।
किरणों के थन भी तो अभी
फूटे नहीं थे
मन में बछिया-सा कोमल
कोई जाग गया।
खूँटे मुस्तैद जड़ों पर
अब क्या रह पायेंगे?
पशुपालो,
हो सावधान!

10.10.1976

घड़ी के नाम

यह लूली लड़की
कलाई बाँध मेरी
इंगित पर कौन-से
लिये जा रही है,
काश, बता देती!
वीथियों की धूसर ये बाँहें
पाँवों से रौंदते हुए हम
कब से बढ़े जा रहे हैं,
कब तक बढ़े जायेंगे और,
काश, जता देती!
कारण त्वरा के
विलुप्त हुए पाँवों से
रौंदती
सपनों की शेफाली,
इतनी मगन है
कि मेरी सुने क्या?
छोटे-बड़े अपने हाथों से
दिग्वधुओं के घूँघट खिसकाती,
अपनी ही चक्-चिक् में
इतनी रमी है
कि मेरी गुने क्या?
अवसरों की टॉफियाँ
रख दी थीं पॉकेट में
मेरे पिताजी ने
घर से चली थी जब।
सब-के-सब खाकर यह

गोल हुई है ख़ुद तो
और मुझे
पन्नियाँ थमा दी हैं छूछी!
दायित्वों के मनके
नीले से रेशम में
माँ ने पिरोकर
डाल दिये थे गले में
और कहा था—बेटे!
बदले में इन सबके
यश-कण तुम हीरों-से
ले आना।
माला मेरी इसने
देखते-ही-देखते
झटक डाली और
बिखरते मोती
नयनों में आँज दिये
रह-रहकर ढलने के वास्ते।
मैं भी क्या तोड़कर
ज़ंज़ीर इसकी सुनहरी दूँ फेंक?
किन्तु कैसे?
बढ़ा रखे इसने हैं
नाखून क्षण के।
लगता है डर कि
न ज़ख़्म नया गढ़ दे।
स्लेट पर मन के अँके
अक्षर भावों के
बारह इन आँखों से
किसी तरह पढ़कर यह
ज़ोरों से हँस पड़ती
और करो शिकवे तो
एकलौते कान पर
जूँ भी नहीं रेंगती!

मेरा घर : दस आयाम

मेरा भी घर है
घर में कुछ कमरे हैं,
कमरों में धूप की हैं
बिल्लियाँ परकी हुई,
हवा की टिटिहरी भी।
पहले कमरे में हैं
हरे-हरे पर्दे
श्वेतांग कुर्सियाँ
पीले कुछ चेहरे।
दूसरा किताबों का शयन-कक्ष है।
दीमकों की प्रिंट-गहे
धूल के दुशाले में
मुद्दतों से सोयी पड़ीं साधनाएँ।
तीसरे में चूड़ियों की
क्षीण-सी झंकार है,
इत्र-लौंग-पटसन की
मिली-जुली गन्ध भी।
चौथे में
विमर्श हुआ करते हैं
फेल हुए घर के बजट से सन्नद्ध...
आदि-आदि।
पाँचवें में फ़ाइलें हैं
शोध के प्रबन्ध
और हस्ताक्षर
दूरभाष, झाग सुख की,
टंकन की खटर-पटर!

सामने दरख़्तों की विरल-सी क़तार है।
डालियाँ—लोम-शून्य
ये चिकनी-चुपड़ी-सी बाँहें
कचिपूड़ि की सी
भंगिमा गहे हैं।
धरा-मंच की तृण-कालीन
ज़रा मसकी-सी!
वहीं-कहीं बैठा है
डिस्टेंपर के डिब्बे में
पानी गटक रहा
कुष्ठ-ग्रस्त बूढ़ा।
भूँकते हैं कुत्ते उधर
और व्यर्थ चीखते हैं
बच्चे फुटबॉल-मग्न।
मेरा नहीं है प्रवेश
कहीं भी निषिद्ध।
पहले कमरे में बैठ
चुस्कियाँ ली जा सकती
हैं सहज पीताभ की।
दूसरे में पसर
अक्षर स्वप्न शोधे
जा सकते हैं
अगम गूढ़ार्थमय।
तीसरे के दरवाज़े
वीणा सध सकती है।
चौथे की खिड़की से
आसमान दिखता है।
पाँचवें की दीवारें
मकड़ों का चित्र-फलक!
झाड़न की कूची से
अनगढ़पन चित्रों का
आकार पाने को व्याकुल-सा!
छठे को चाय और मुस्कानें
घण्टे-घण्टे ट्रे में चाहिए।

चाहे जहाँ फेरू आँखें
मैं प्रस्तुत हूँ
कुष्ठग्रस्त बूढ़े के पास या कि
हर्षलिप्त बच्चों के पास भी!
फिर भी रह-रह उदास
हो जाता मन है जब सहसा ही झिमिर-झिमिर
बादल घिर आते हैं।
नागफणी होती है हवा है
या होती धूप ही कँटीली है।
घबड़ाकर तुड़-मुड़-सा
जाता है वह बूढ़ा।
इतनी ढेर सारी-सी
फालतू पड़ी है जगह
और उधर बैठने को भी
तो नहीं गज-भर।
आसमान फटने में देर
जाने कितनी है!

15.05.1975

युग का मुजरा

वीरान चाह की गलियों में
दिल मारा मारा फिरता है।
दुनियादारी की जहमत से वह
किये किनारा फिरता है।
ख़ुश होकर कोई क्या देगा?
जो रंज हुआ क्या ले लेगा?
धुन में अपनी ही गुम-सा वह
सबका नाकारा फिरता है।
जो भी आता है पास, उसे
गीतों की झरबेरी देकर
हँसता है, पास बिठाता है।
फाकामस्ती में मर-जीकर
बस किये गुज़ारा फिरता है।
मय पी है चाँद की आँखों से
युग का मुजरा सुन झूमा है
दर्दों की कौड़ी खेली है।
फिर भी हर शय से बेगाना
वह वारा-न्यारा फिरता है!

25.02.1975

ऐसे झाँकी धूप

शिशु कोई रोता-रोता ज्यों सहसा ही मुस्का दे,
मृत-शंकित-सी तितली कोई पंख तनिक सिहरा दे,
निन्दा-निपुण मित्र की आँखें स्तुतियाँ बरसा दें,
सदा मौन मुख दादी माँ ज्यों मस्त कजरियाँ गा दे,
अपने हाथों लगी पौध में पहली पंखुड़ी फूटे,
पतझड़ की टहनी का अन्तिम पीला पत्ता टूटे।
बहुत दिनों के बाद सँवर माँ बिंदी बड़ी लगाये,
बहुत गिड़गिड़ाने पर जैसे भीखा रोटी पाये,
कालकोठरी के मेघों की ऐसे झाँकी धूप,
अपने मानो दूर गाँव से पैदल मिलने आये।

11.09.1979

सन्नाटे

बादलों के पार
भाँती फट गयी है हारमोनियम की,
मौसम का नौसिखुआ गायक
हल्का-सा बेसुरा हुआ है–
विषम पर ही अब ताल देने लगी हैं–
मन के इस महोदधि की बेसुध लहरें!
सरगम की रेलिंग से कूद पड़े हैं स्वर
कण्ठ में बरसों से जमती रेत के इस ढेर पर
अधबनी पड़ी है शरीर की इमारत
जिसके पीछे दिन-भर खेलते सन्नाटे–
गिल्ली-डण्डा, लुका-छिपी, इक्कट-दुक्कट।

11.10.1980

सुबह

सर्द पड़ गयी
अलाव के पास
ऊँघ रहे बच्चे-सी सुबह
धीरे-धीरे आँखें खोलती है–
धरती की अधखुली किताब पर–
कोहरे की जिल्द जिसकी फट गयी है!

20.09.1980

दोपहर

धूप का गुस्सा
दिनों-दिन बढ़ रहा है—
चिड़चिड़ी-सी हो गयी है धूप—
ख़ूब रूखा बोलती है
धूल की बोली
धमकती धू-धू कर,
बड़बड़ाती बैठती है हॉस्टल की फेंस चढ़।
घर लिखा करती है चिट्ठी एक टुकड़ा छाँह पर,
डाक में डाले बिना ही फाड़ती है ऊबकर—
आँसुओं में या पसीने में पगी-सी, तर-बतर!

15.05.1981

शाम : एक

ढल गयी है शाम टेबल पर
साँस ठण्डी छोड़कर, कार्डिगन ढीली कर
कान से सूखे हुए पत्ते उतार
टूटकर अँगड़ाई लेती है कनेर।
धूप की साड़ी में सलवट पड़ गयी है।
केतली में खौलता है अँधेरा।
तश्तरी में सैण्डविच बासी पड़ा है—चाँद
हो गयी जो वक़्त के दफ़्तर में छुट्टी—
क्रेश के आसमाँ के
तारे झाँकते हैं!

16.06.1981

शाम : दो

नीम की छाया में
छनती है पकौड़ी,
दूध में ही
खौलती है 'चाह'।
इधर ही
बढ़ी आती हैं
लाल रिबनें,
प्लास्टिक की चूड़ियाँ,
पहन छिटकीं
गुलमोहर की डालियाँ!
लाई-चिवड़े और बताशे
फाँकती है
धूप में धप-धप
धमकती राह।
हँस रही भी,
रो रही भी मार सिसकी
शाम ज्यों गुदना गुदाती बाँह।

16.06.1981

रात

रात दो बजे
ट्रेन गुज़री थी—
छाती की पटरियों से—
धड़क-धड़क-धाँय,
भीतरी सुरंग तक
उतर गया था साँप
लोहे का!
ठण्डा, काला; आबदार।
कोई चौंका था;
क्या जाने बगल में
कि बहुत-बहुत दूर—
लम्बी पटरियों के पार।
रात की चादर
ज़रा-सी काँप गयी थी।
ध्यानमग्न बैठा था आसमान;
बेचैन धरती को
करता-सा मन्त्रसिक्त
वेणी सहलाता
कुहरे उढ़ाता,
ओस भरी आँखों के
यज्ञकुण्ड में
रह-रहकर तारे सुलगाता
धुआँ-धुआँ!
स्मृतियाँ शंखनाद करती थीं :

नाभि की गहराइयों में
कुण्डलिनी के बिल्कुल समकक्ष
जाग गया था तक्षक :
ठण्डा-सा सुगबुग, सशंक।

08.08.1981

कुछ क्षण-चित्र

(1)

देवमती भिक्खुनी के घुटे हुए सिर-सी
यह छत
सूनी, उचाट मगर ठण्डी है।
स्मृतियों के बोधि-वृक्ष का
लिये साक्ष्य—मेरा निर्वाण यहाँ
फूलता है दस मिनट!

(2)

बादलों में फ्लैशगन चमकते हैं
देवदूत-राम के रिपोर्टर—
क्या मेरे भीतर के कर्फ्यू की
तस्वीरें लेते हैं ठहर-ठहर?

(3)

दंगे में भागते हुए मन की
टूट गयी, छूट गयी एक अदद चप्पल-सी
सूने फ़ुटपाथ पर अकेली मैं
एक कटे पाँव की प्रतीक्षा में
जन्मों से बैठी हूँ—
कौन यहाँ समझेगा मेरी प्रणय-गीति?

17.08.1981

समय

कमरा, हाँ, यही मेरा कमरा है,
जहाँ मेरी उपद्रवी शान्ति है क़ैद–
खिड़कियों के पर्दे उलटकर
चहलकदमी करती हुई।
दीवार पर सिर पटकता यह कैलेण्डर
बेमानी तिथियों की कौड़ियाँ बिखेरे
एक दाँव और हार बैठे युधिष्ठिर-सा
टुकुर-टुकुर देखता है
समय की इस द्रौपदी का
सिलवट-भरा आँचल।
खिड़की से झाँकती है
मौलसिरी की टहनी,
टहनी पर काँपती है
धूप की चिरैया।

17.08.1981

रात

यह रात नीग्रेस भरी देहवाली—
टाइपराइटर खटखटाती है भीतर!
धड़कन की खट-खट पर
बेकार कार्बन कॉपी-सी यह ज़िन्दगी
छपी चली जाती है—लगातार,
धुँधली!

18.08.1981

जेठ

बिल्कुल ब्रह्माण्ड पर
चुल्लू-भर तेल-तेल-सी चिप-चिप धूप थाप
बरगद की जटा या कि नानी की लट रूखी
उँगली से सुलझाए जाती है हवा
दूर वहाँ खिड़की के पार!
मनिहारिन-सी
मारकर पालथी
जेठ की दुपहरी
वह लगाती है बाज़ार
रोल-गोल्ड की पत्तियाँ-डालियाँ,
बिन्दियाँ, चूड़ियाँ फैन्सी
बेचती!

08.06.1981

कोहरे का शहर

कौन किसका दर्द बाँटे—सब यहाँ बीमार हैं—
कोहरे का शहर है यह—खिड़कियाँ बेकार हैं!
चाभियाँ दो—चल पड़ेगा—आदमी है काठ का—
काठ के उल्लू उड़ेंगे—अब यही आसार हैं!
पन्नियाँ जमकर लपेटे बिक रही हैं हसरतें—
आज रिश्तों के महल में सज गये बाज़ार हैं—
जीहुजूरी गावतकिए-सी बिछी है हर तरफ़,
कामयाबी मसखरों के जीनतेदरबार हैं
शब्द हैं मक्खी शहद की, काट खायेंगे मगर—
रौंदकर यह बाग जाते अब कहाँ सरकार हैं!

15.12.1982

दिन

ऐसे तो दिन जाते ही थे,
कुछ थके-थके, कुछ मस्ताए!
पर आज ज़रा अनजाने ही
वे हमसे मिलने यों आये–
उचटी-सी ठण्डी आँखों में भी
प्यार ज़रा-सा देखा है!
सपने महलों का राज नहीं,
हम भी कुछ देखा करते हैं,
इन बिना नींद की आँखों से भी
हरसिंगार ही झड़ते हैं!
अनगढ़ मिट्टी की गुल्लक में भी
ख़्वाब तराशा देखा है।
चोटें चोटी तक लाती हैं–
हम इसी हौसले बढ़ निकले!
यह क़िस्साए-तोता-मैना था–
सोचा लेकिन, जब भी फिसले!
जीवन के कड़वे घूँटों में भी
दूध-बताशा देखा है।

18.08.1982

रोशनी

खुली-खुली किताब-से खुले-खुले वे दिन
हर्फ़-हर्फ़ आज भी तो याद है हमें!
घूँट-घूँट धूप झेल डबडबा गये,
खुली-खुली निबों के मछलियों-से वे नयन,
हाशियों के सर्द-शुष्क बियावान में
हहर-मगर उगे सियाह-सब्ज़ शाल-वन!
शालवन फलाँगते हिरण हुए वे दिन
हर्फ़-हर्फ़ आज भी तो याद हैं हमें।
गुनगुना उठा धुआँ उदास-सी ग़ज़ल—
बेख़याल-सा चिराग दर्द का जला।
ज़िन्दगी की दास्तान तो अजीब है—
रोशनी बढ़ी तो अँधेरा भी बढ़ गया!
धूप ही से छाँव को खँगालते वे दिन
हर्फ़-हर्फ़ आज भी तो याद है हमें!
शाम ही से आज घानी धुन्ध घिर गयी,
आस-पास के वजूद गैर हो गये!
चाँद भी उदास, अकेला-सा हो गया,
हौसलों-से डूब सितारे जो सो गये!
किश्तियों-से साँस की ढले-धुले वे दिन
हर्फ़-हर्फ़ आज भी तो याद है हमें।

08.08.1982

ये पत्थर

बहुत संघर्ष होने से ये पत्थर आग बनता है,
बहुत छून-मिटाने से तो बूटा दाग बनता है।
नहीं खिल पाये जो वे भी चमन के जानेमन ही है,
कि हर अन्दाज़ से फूलों से दिलकश बाग़ बनता है।
कहीं सुरतान लम्बी तो कहीं छोटी-सी श्रुतियाँ भी,
सभी मिल बैठते हैं तो सुरीला राग बनता है।
कि सीमा है जो कहने की, वही सीमा है सहने की,
बराबर छेड़ने से हरहरा भी नाग बनता है!
कि सुख के भी झमेले हैं कि दुःख के भी झमेले हैं,
सुखों में घोल दो दुःख तो, नशा अनुराग बनता है!
सभी किस्मत के मारे हैं, किसी के भी हों, प्यारे हैं–
जो मानो तो ये आपस का उलझन फाग बनता है!

11.12.1983

कहीं सुर ही नहीं मिलता

बड़ा ख़ुदगर्ज मौसम है, कराये जो वही कम है,
सभी की उँगलियाँ बोझिल, सभी की चाल मद्धम है।
सुनाएँ किसको जाकर बेवजह हम दास्ताँ अपनी,
जिधर देखो, उधर झुकती निगाहेयार पुरनम है।
अरे यह राज किसका है कि सारी आँधियाँ चुप हैं,
सभी के पाँव कीचड़ में, सभी के हाथ परचम है।
नहीं, कुछ हाल मत पूछो, खिज़ाँ की शान देखी है,
नसों में आग बहती है, मगर होंठों पे शबनम है।
चलो अब फूँक भी डालो, हटाओ शान्ति की समिधा,
ये कैसा यज्ञ है भाई, जहाँ हर शंख बेदम है।
कहीं सुर ही नहीं मिलता कि सब बेताल-सा ही है।
कि जाने कौन-से सप्तक की अपनी साँस सरगम है।

12.12.1983

देह टूटती है लोगों की

देह टूटती है लोगों की, सारे गाँव बुख़ार है,
वैद्यराजजी, इस बस्ती की किस्मत ही बीमार है।
वक़्त बिछौने पर लेटा है, फील-पाँव के टोप से,
सबकी डोली रुकी हुई है, बहुत गरम दरबार है।
इस पनघट के प्यासे लौटे घण्टों हम बैठे-बैठे,
कच्चे घड़े उसूलों के ही रँगता रहा कुम्हार है।
बड़े-बड़े झुमके पहने है पके बुढ़ापे में वहशत,
जितना ही बूढ़ा गुनाह है, उतना नाज-निखार है।
सपनों की गीली पुआल पर गेंदे की बासी माला,
क्या जाने परवान चढ़ गया किसका मान-दुलार है।
कड़ी सुरक्षा के नारों से गूँज रहा है चौबारा,
छत पर तोरण टाँग रहे हैं, टूट रही दीवार है।
भूख सभी की बढ़ी हुई है, नीयत चिनकी प्याली है,
खलिहानों की हर सुरंग पर चूहा चौकीदार है।

19.11.1982

ज़मीन से फ़रार हूँ

क्या नहीं मिला मुझे कि कुछ नहीं गिला मुझे,
कि मौत आके मिल गले कि जाम भर पिला मुझे।
कि कमअसर कि मुख्तसर ये ज़िन्दगी का जाम है,
कि रात जागती कटी, हुई सहर, सुला मुझे!
गिरी-उठी, उठी-गिरी, वे ठोकरें अजीब थीं,
कि बार-बार खींच भी नहीं सकीं रुला मुझे।
लपट उठी, झपट उठी कि प्रीति बन कपट उठी,
कि घर जला गयी मगर नहीं सकी जला मुझे।
ये सब हुआ मगर तभी कि पाँव जब रुके कभी,
वो दूर धूल में छिपा दिखा था काफ़िला मुझे।
तभी से बेकरार हूँ, ज़मीन से फ़रार हूँ,
इशारतन वो काफ़िला बुला रहा बुला मुझे!

20.11.1982

बारिश : दो

एक बड़ी-सी बूँद ने मेरी पीठ में छापा मारा,
मेरे मन के तहखाने 'खुल जा सिम-सिम' हो गये!
एक झपट्टा खुली हवा का वर्दी झाड़े आया,
अन्दर के खिड़की-दरवाज़े—सब छिन-भिन हो गये।
खोज-बीन में, उठा-पटक में खोया चैन मिला,
बुझे चले जाते मनसूबे सब टिम-टिम हो गये।
बहुत थकन थी, बहुत उदासी, गहरा सूनापन,
आज अचानक ही जूड़े में उलझ गया कंगन,
आँगन ही देहली बन बैठा या देहली आँगन
तन-मन-उपवन, छाजन-बासन—सब रिमझिम हो गये।

10.10.1982

नब्बे के बाद की कविता क्षतिपूर्ति-सिद्धान्त के साथ सामने आयी थी

चकित आँखों से हमने जो आस-पास देखा तो समझ में यही आया कि नब्बे का दशक हारे हुए महान योद्धाओं के घर लौटने का समय था—घायल घोड़े, भग्न शिरस्त्राण, सोचती हुई आँखें, इधर-उधर रास्ता टटोलते हुए पाँव और घुटनों तक झूलतीं रक्तस्नात भुजाएँ। इस चित्र में एक अवयव और जोड़ लें—काव्य-पताका, वह भी (शकुन्तला को कण्व ऋषि के आश्रम में अकेली छोड़ वापस अपने राज्य को लौटते) दुष्यन्त के रथ पर फहरती ध्वजा की तरह मुड़-मुड़ कर पीछे ही देखती हुई।

पर मुड़-मुड़कर देखने की यह कठिन वृत्ति रूमानी नॉस्टैल्जिया या अतीतग्रस्तता का पर्याय नहीं थी! पराजय की आँखें अन्दर की ओर ही खुलती हैं—आत्मविश्लेषण की ओर, और 'आत्म' में ही परावर्तित जीवन-जगत् के पारिस्थितिक विश्लेषण की ओर भी। आदमी समझना चाहता है कि हारे तो क्यों, भूल हुई तो कहाँ! और अब सुधार हो तो कैसे!

यही वह समय था जब इतिहास के ध्वंस की भी बात होने लगी। सन्दर्भ-ग्रन्थ के रूप में इतिहास का उपयोग इसलिए भी बाधित हुआ कि उत्पादन के साधन बदल गये! कम्प्यूटर-शासित छायाचित्रों की यह दुनिया हो गयी—न कृषि-शासित रही, न फैक्टरी-शासित! साइबर-कुली ही नये मज़दूर थे! असंगठित कार्य-क्षेत्रों का अमीबा-पिण्ड बढ़ गया था—(विस्थापित) मज़दूर महँगे (पेटेंटेड) बीजों से लगातार बंजर हुई जाती धरती, उसके शोक में आत्मघात की स्थितियों तक बढ़े जाते छोटे किसान रोज़गार की तलाश में महानगर निकल आये। क़स्बाई नवयुवक-नवयुवतियाँ, जिन्हें साइबर-कुली सी छोटी-मोटी, कच्ची-पक्की नौकरियाँ मिलने लगी थीं पर 'हायर ऐंड फायर' की तलवार सदा ही सर पर लटकती रहती थी इस साइबर-शासित स्पेसों में। असुरक्षा की इन्तेहा थी और 'आग लगी हमारा झोपरिया में हम गावैं मल्हार' का आलम। कवि ही नहीं, सब-के-सब अकबकाये खड़े थे—शॉपिंग एकमात्र धर्म रह गया था, अमरीका सबसे बड़ा मन्दिर, कॉस्मेटिक्स सबसे बड़ा विचार, स्कूल-कॉलेज तकनीकी शिक्षा और कामचलाऊ ज्ञान की दुकान भर रह गये थे, मुस्कान सिर्फ़

टेलीविज़न पर दिखाई देती थी, उत्साह सिर्फ़ दारू-पार्टियों में, काट सिर्फ़ डिज़ाइनर कपड़ों में, खनक सिर्फ़ सिक्कों में, ख़ुशी सिर्फ़ 'मजा' रह गयी थी, स्वतन्त्रता दो सुपर मार्केट में या दो ब्राण्डों में चुनाव का प्रश्न, नागरिक केवल उपभोक्ता रह गया था और लोग मान कर चलने लगे थे कि भला साहित्य भी मार्फिन या एनिस्थेसिया का इंजेक्शन-भर है और वजूद के प्रश्न कठपुतली-नाच से ज़्यादा अहमियत नहीं रखते।

ऐसे में नब्बे के बाद की यह कविता ही सोचती हुई आँखों की सुन्दर दीप्ति के साथ अन्तरंग स्वर में बताती रही रोज़नामचे की महानता के गुर! याद दिलाती रही कि हम सिर्फ़ उत्पाद नहीं हैं, सिर्फ़ उपभोक्ता नहीं, एकात्मता की प्यास हममें अब भी ज़िन्दा है—एकात्मता साथियों से और सच्चाई से, बृहत्तर संकल्पों से, पूर्णता से और समुच्चय से! मानें न मानें—हम अब भी आध्यात्मिक प्राणी हैं—समझदारी, आपसदारी, जुड़ाव, प्रेम और पहचान हमारी आधारभूत ज़रूरतें हैं!

अब जब कि देश-काल की सीमाएँ नहीं रहीं, दूसरी तरह की सीमाएँ अधिक उजागर थीं। निस्सीम प्रकृति ही मूल्यों का एकमात्र स्रोत नज़र आने लगी—पर्यावरण आन्दोलन, आदिवासी आन्दोलन से गहरा तादात्म्य नब्बे के बाद की कविता में अपने भीतर की हरियाली, अपने भीतर का जलतत्त्व बचाने का ऊर्ध्वबाहु संकल्प बन गया!

सबके मन में यह एहसास गहरा रहा था कि परिवर्तन होगा पर नाटकीय परिवर्तन नहीं, क्रान्ति घटेगी—पर सबसे पहले अपने ही भीतर! बुद्ध, दाइशोनिन, इकेदा, कृष्णमूर्ति आदि बुद्धिवादी दार्शनिक हों या रामकृष्ण परमहंस, महर्षि अरविन्द, महर्षि रमण आदि जैसे मिस्टिक (रहस्यवादी दार्शनिक), रजनीश और दूसरे सजग भाष्यकार, धर्मेतर अध्यात्म के प्रचारक हों या टेक्नोस्पिरिचुऐलिटी के विज्ञानविद् प्रवक्ता—भीतर झाँककर देखने और आत्मिक परिवर्तन (human revolution) घटित करने की बात सब एशियाई दार्शनिक पहले से भी कर रहे थे—पर अचानक उनके गुटके और ई-टेक्स्ट/पाठ अवकाशप्राप्त वृद्धों, बेरोज़गारों, स्त्रियों-दलितों और नवशिक्षित सब समूहों में लोकप्रिय हो गये! सोचकर देखें तो स्पष्ट होगा कि यही वह समूह थे जिन पर भूमण्डलीकृत विश्व के विस्थापन का प्रभाव सबसे ज़्यादा था। मातृभाषा के साहित्य के सजग पाठक भी वही थे और लेखक-कवि भी वही! अँगरेज़ी और अँगरेज़ीयत—दोनों का बढ़ता प्रभाव मातृभाषा और लोकभाषा/लोकसंस्कृति-संरक्षण के व्यापक मिशन से इन्हें जोड़ता गया पर सूत्रधार-भाषा के रूप में अँगरेज़ी विश्व-कविता के व्यापक-अनुवादों का बड़ा माध्यम भी बनी और इंटरनेट तरह-तरह के देशी-विदेशी कविता कोशों और कवितामुखी ब्लॉगों से भर गया। अधिक से अधिक समेटने की मनोवृति से अन्तःपाठीय प्रयाणों और पुनःर्लेखन की परम्परा भी बढ़ी।

कविता भीतर के अग्नितत्त्व का संक्षिप्त हस्ताक्षर है—एक कामकाजी सी यान्त्रिकता और धक्कामुक्की भरी आपाधापी के इस युग में नपी-तुली संक्षिप्त अभिव्यक्ति का सजग माध्यम—सच पूछिए तो बहुतों के मन में यह अचानक जगा

कि कविता ही वह विचार है जो भीड़-भड़क्के से लदे-फदे अनुभव खण्डों के बीच के छोटे अन्तराल में भी माचिस की तीली की तरह झट एक लौ, या लौ का एहसास भीतर सुलगा सकती है।

नब्बे के बाद की कविता का शिल्प एक बार झप्प से सुलग उठी इस लौ से मिलता-जुलता है—एक कौंध में कोई बिम्ब, कोई विचार, कोई विडम्बना सुलगती है और जैसा कि हम समझते ही हैं, एक बार जो ठीक से सुलग गयी—वह लौ एहसास के धरातल पर, आइडिएशनल प्लेन पर तो कभी भी नहीं बुझती!

एक बात और नब्बे के बाद अभी कविता में ख़ास थी—शहराती, देहाती, तत्सम-तद्भव-देशज-विदेशज, 'घोरे बाइरे' के बीच का पदानुक्रम तोड़कर गले-गले मिलते ध्रुवान्तों की भाषा। कम-से-कम कविता तो सबको एक चटाई पर बिठानेवाला आदर्श गणतन्त्र बन गयी—जहाँ ऊँच-नीच, सवर्ण-अवर्ण शब्दों, प्रसंगों के बीच की दीवार ढही।

बर्लिन की दीवार की तरह एक दीवार और गिराई कविता ने—विधाओं के बीच की दीवार : कविता मुहल्ले की लड़की की तरह सबके घर की बेटी बन गयी—नाटक हो या कहानी—सबके घर कविता का आना-जाना और प्रखर हो गया। तभी तो गद्य-कविताएँ इतनी ज़्यादा लिखी गयीं।

पर छन्दों के पंछी भी घर लौटे—प्रायः सबके यहाँ। प्रकृति पर्यावरण बनकर घर लौटी, ठीक वैसे जैसे थके हुए योद्धा घर लौटे और घरेलू बिम्बों से कविता भर गयी।

यह भी एक तरह की प्रगति, एक तरह का सकारात्मक प्रयाण ही था—अपने भीतर लौटना, वजूद का एक बड़े आईने के रूप में विस्तार, आईना जो भेद-भाव न जाने, बड़ा-छोटा न जाने, किसी को अनादृत न छोड़े, सबका बराबर प्रतिबिम्बन करे। क्रान्तिचेता लोगों का घर तो हमेशा उपेक्षित रहा था—'सिन्दूर तिलकित भाल', 'गुलाबी चूड़ियाँ', 'पहाड़ पर लालटेन', 'तस्वीर में पिता', 'दिदिया', 'ब्रूनो की बेटियाँ', 'अबूतर-कबूतर', 'गरीब पाहुने' यादों में ही दमके पर उनके साथ रहने, अन्तरंग भाव से उनके सुख-दुःख पहचानने की फुर्सत ही नहीं मिली।

नब्बे के बाद की कविता क्षतिपूर्ति-सिद्धान्त के साथ सामने आयी और जीवन के बहिरंग में अन्तरंग भी शामिल हो गया! दुनिका का कोई भी आईना, चाहे वह कितना भी छोटा क्यों न हो—सिर्फ़ एक आकृति प्रतिबिम्बित करके रह जाये, यह सम्भव नहीं है। एक व्यक्ति; एक आकृति के साथ-साथ उसकी पृष्ठभूमि की हलचल भी परावर्तित हो ही जाती है। नब्बे के बाद की कविता इसी एहसास के साथ बड़ी हुई, उसने 'निजी' में 'समवेत' को, 'माइक्रो' में 'मैक्रो' को, 'वैयक्तिक' में 'राजनीतिक' को अनुस्यूत माना। वैयक्तिक इतिहास, संस्मरण, डायरियों, चिट्ठी-पतरी और जीवनियों में परावर्तित बृहत्तर इतिहास यहाँ अधिक सच्चा और विश्वसनीय जान पड़ा।

1947 के बाद के वर्षों में उभरे एक शायर मुस्तफा अशर्फी मेरे पिता, डॉ. श्याम नन्दन किशोर के सहपाठी थे। वे अक्सर एक शेर पढ़ा करते थे! उस शेर में उस दौर

में कवियों की मनःस्थिति अच्छी तरह परावर्तित है—ये ज़िन्दगी इक मुसलसल सफ़र है/ कि मंज़िल पे पहुँचे तो मंज़िल बढ़ा दी। मुक्ति एक धारावाहिक उपन्यास है, एक अनन्त प्रक्रिया यूटोपिया, या आदर्शलोक है तो एक क्षितिज ही, एक आभासी सत्य जो मनुष्य का सफ़र ख़त्म नहीं होने देता, लगातार उसे बेहतर से बेहतरीन की तरफ़ अग्रसर होते रहने की प्रेरणा देता रहता है। जैसे रक्तबीज के रक्त की एक बूँद से हज़ार रक्तबीज जन्म लेते थे, एक समस्या के समाधान पर हज़ार और समस्याएँ सिर उठा लेती हैं और यह महाभारत कभी ख़त्म होने का नाम ही नहीं लेता।

आज़ादी के साथ मिला बँटवारा और भेद-भाव की संरचनाओं से ग्रस्त एक बहुरंगी समाज जिसकी जातीय स्मृतियाँ इतनी गहरी थीं कि सर्वोच्छेदन सम्भव नहीं था। बरगद की छाँव में नया कुछ उगाना आसान नहीं। फिर भी नये दर्शन परवान चढ़े। मार्क्सवाद परवान चढ़ा और अस्तित्ववाद भी और ख़ास देसी रंग का शब्द के गम्भीरतम अर्थ में पैलम्पेस्टिक—जातीय अनुगूँजों से महमह! न्याय पर करुणा की छौंक पड़ी ठीक जैसे भारतीय चौके में बनने वाले चाउमीन में लहसुन की छौंक पड़ जाती है या जीन्स पर भी कुरता पहन लिया जाता है, घर में बुजुर्ग आ जाते हैं तो गृहिणियाँ हाउसकोट पर ही ओढ़नी ओढ़ लेती हैं। संक्रमण या घालमेल हमेशा बुरा ही नहीं होता।

वर्णसंकर लोग अधिक सुन्दर और तीक्ष्णबुद्धि होते हैं, वर्णसंकर अनाज भी अधिक सजीले और पौष्टिक; वर्णसंकर विधाएँ (जैसे गद्य कविता) अधिक बड़े परिवृत्त वाली और वर्णसंकर दर्शन अधिक उदार और हँसमुख दोस्त-दृष्टि से परिचालित।

इन कवियों ने पश्चिमी दर्शन भी अपने सामुदायिक, लौकिक अनुभवों की आँच पर पकाये और उनका निष्कर्ष यह बना कि वर्ग के सिवा 'वर्ण' (जाति), 'लिंग' और 'सम्प्रदाय' आदि विभेद भी भेदभाव की संरचनाओं से जूझने का न्यायवादी और समतावादी दर्शन रेखांकित कर सकते हैं। पुराने प्रगतिवादियों की श्रेष्ठता-ग्रन्थि परखते हुए इनकी आँख खुली कि घृणाधर्मी, हिंसक उछाल-पछाड़ की विलगाववादी दृष्टि से भेदभाव की संरचनाएँ और मजबूत ही होंगी। एक दमन-चक्र का जवाब दूसरा दमनचक्र क्योंकर हो? श्रेष्ठता-ग्रन्थि कहीं भी हो, बुरी है—वंचित का स्वाभिमान उसकी पूँजी है। पर दुश्मन के बारे में सोचते-सोचते दुश्मन जैसा आचार-विचार अपने भीतर उतार लेना तो कहीं से भी प्रगतिशीलता नहीं! वर्गवादी, जातिवादी, मर्दवादी, नस्ली घमण्ड की तरह मार्क्सवादी घमण्ड (self-righteousness) भी प्रस्तरमीलित किस्म के कठमुल्लेपन का ही जनक न बन जाये—इस बारे में सावधान रहना ज़रूरी है!

राष्ट्रीय काव्यधारा के कवियों ने जो चाहा, किसी हद तक उन्हें मिला भी। प्रगतिशील धारा की कविता ने समतावादी समाज का सपना आँखों में जगाने का काम तो किया, पर उसको उसका अभीष्ट इसलिए भी नहीं मिला कि वंचितों की श्रेणी उसके यहाँ 'वर्ग' तक ही सीमित थी और देश की जातीय स्मृतियों, मिथकीय

संरचनाओं और लौकिक विश्वासों के प्रति ज़्यादातर प्रगतिशील कवियों का रवैया अनादर का था, वे रूपकों की तरह भी उन्हें स्वीकार करने को तैयार नहीं थे। अनादर की भी राजनीति होती है, इस ओर उनका ध्यान कम गया था। लात पेट पर पड़े या पीठ पर—दर्द बराबर होता है, इसकी समझ 90 के बाद उभरे इन कवियों में थी! इसके अलावा एक बड़ा फ़र्क़ यह है कि ये सब के सब (गाँव नहीं) छोटे क़स्बों से उखड़कर बड़े शहर में हाशियों पर रहने आये नौकरीपेशा, घर-गृहस्थीवाले लोग थे। क़स्बे से उखड़कर महानगर या किसी और बड़े शहर (इलाहाबाद, पटना, भोपाल) रहने आये व्यक्ति की मनोदशा और भाषिक विन्यास में भी ख़ासा फ़र्क़ होता है। इसी तरह नौकरी से आज़ाद और नौकरीपेशा व्यक्ति की मनोदशा और भाषिक विन्यास का अन्तर स्पष्ट देखा जा सकता है। घर-गृहस्थी से दूर और घर-गृहस्थी के बीच रहने वाले का भाषिक चरित्र और व्यक्तित्व भी एकदम से अलग-अलग पहचाने जा सकते हैं। एक बड़ी घटना और घटी कि (ख़ासकर स्त्री-रचनाकारों के यहाँ) परिवार की अवधारणा रक्त-सम्बन्ध और यौन सम्बन्धों तक सीमित न रही, वर्ग-वर्ण-नस्ल और सम्प्रदाय की घेरेबन्दियों से उठे बन्धु-परिवार का स्वप्न परवान चढ़ा!

जैसे मध्यवर्ग या मध्यवर्ण तथाकथित 'उच्च' वर्ग/वर्ण और वंचित वर्ग/वर्ण के बीच एक हाइफन का काम करते हैं, उसी तरह 'क़स्बा' भी गाँव और शहर के बीच का एक हाइफन है। थोड़ी सीजनिंग, थोड़े ठहराव, थोड़े संयोजन का स्कोप वहाँ होता है। —दोनों तरफ़ की विडम्बनाओं की प्रत्यक्ष समझ आप में होती है—अपने पिता, श्यामनन्दन किशोर से शब्द उधार लेकर कहूँ तो—

वह तो पौरुष का अभिमानी/दोनों तट से छूट गया जो/मेरे ये जलयान नहीं कम/पा ऐसी मझधार सकें जो!

मदन कश्यप, संजय चतुर्वेदी, नवल शुक्ल, विमल कुमार, कुमार अम्बुज, देवी प्रसाद मिश्र आदि की आरम्भिक कविताएँ, व्यंग्य और तुर्शी की अम्लधार से छनछनाती हुई सी कविताएँ हैं। यही अम्लधार कात्यायनी और निर्मला गर्ग में हैं! पढ़े-लिखे समझदार, सजग और चेतन मानस का व्यंग्य है यह जो अपने टोन, अपने शब्द या बिम्ब-चयन में एकदम से परिष्कृत और नागर दीखता है।

दूसरी ओर देशज शब्दों-बिम्बों के प्रखर कोष और गहन आत्मीय टोन वाले निलय उपाध्याय, बद्रीनारायण, एकान्त श्रीवास्तव, आशुतोष दुबे, संजय कुन्दन, बोधिसत्व, सविता, प्रेमरंजन अनिमेष आदि की कविता है। इनकी टोन चाहे जितनी सहज हो, इनके बिम्ब चाहे जितने धारोष्ण हों पर इनकी काव्य संरचना जटिल है। इन्होंने मिथकों की जटाएँ सुलझाई हैं, इनका स्थान-बोध इतना प्रखर है कि जहाँ से आये हैं, उस जगह का पूरा नैतिक भूगोल इनकी रचनाओं में साफ़ उभर आता है, पर स्थान-बोध, काल-बोध से असम्पृक्त नहीं। वैयक्तिक स्मृतियाँ जातीय स्मृतियों से इस तरह गुँथी हुई हैं कि इन्हें एक-दूसरे से अलगाया नहीं जा सकता। नागार्जुन,

केदारनाथ सिंह, अरुण कमल या उदय प्रकाश के यहाँ भी जातीय स्मृतियाँ भरपूर हैं, पर उनकी अनुगूँजों से इन कवियों की अनुगूँजें अधिक सहमी हुई, अधिक मद्धिक, अधिक उदास हैं—जैसे बीच में कहीं कोई फिल्टर आ गया हो, कोई साउण्ड-एब्जॉर्बर जो उन्हें हाथ दिखाकर कह रहा हो कि मत आओ, यहाँ कोई तुम्हें समझनेवाला नहीं रहा, पर किसी के रोके कब रुकती हैं अनुगूँजें—ख़ासकर बेहतर नौकरी चाकरी की तलाश में शहर आये विस्थापित समाज की जिसका पूरा संसार पोटलियों-गठरियों से बँधा, उसके कन्धे पर टँगा है। स्मृतियाँ ही उन्हें Regenerate करने का, रीचार्ज करने का एकमात्र माध्यम—एकध्रुवीय दुनिया, बाज़ार और साम्प्रदायिकता।

नब्बे के बाद उभरे कवियों के प्रतिरोध के विषय तो यही हैं, पर विरोध का शिल्प स्पष्ट ही अलग था। नब्बे के बाद की कविता बयान नहीं देती, बड़े-बड़े बोल नहीं बोलती, पर उसके शिल्प में ही उसका कथ्य परावर्तित है। पदानुक्रममुक्त समाज का सपना वह एक ऐसी भाषा में देती है जो स्वयं भी सारे पदानुक्रम तोड़कर बढ़ी है—शहराती और गँवई, तत्सम-तद्भव-विदेशज के बीच का पदानुक्रम, 'गम्भीर' और 'मज़ाकिया' के बीच का पदानुक्रम, 'निजी' और 'समवेत' के बीच का पदानुक्रम, 'दैनन्दिन यथार्थ' और 'ऐतिहासिक मोड़ों' के बीच का पदानुक्रम, 'पर्सनल' और 'पोलिटिकल' के बीच का पदानुक्रम भी!

नौ रसों के घड़े अलग-अलग छीकों पर टँगे हुए नहीं दिखते। लगता है, एक बड़ी छड़ की मार से नवों घड़े फूट गये हों और यहाँ नब्बे के बाद की कविता में गड्डमड्ड हो बह रहे हों, साथ-साथ वीर में वात्सल्य बहता हो, शृंगार में हास्य, शान्त में वीभत्स और रौद्र भी! भावों की शुद्धता की रूमानी धारणा नानी के घर चली गयी! और हमारे चितकबरे चित्त की अधिक यथार्थवादी, अधिक चकत्तेदार अन्तःपाठीय अभिव्यक्ति का सिलसिला आरम्भ हुआ—अरुण कमल, आलोक धन्वा, उदय प्रकाश, मंगलेश डबराल, राजेश जोशी, ऋतुराज आदि की पूर्ववर्ती पीढ़ी भी 'पतंग', 'भागी हुई लड़की', 'ढेला', 'हारमोनियम', 'लालटेन', 'संगतकार', 'इत्यादि', 'पोटली में बँधे बूट', 'ईंट के नीचे दबी चींटियों की क़तार', 'पिता की तस्वीर' आदि घरेलू/माइक्रो/ दैनन्दिन यथार्थ से जुड़े बिम्बों-प्रसंगों में जीवन-जगत की विडम्बनाएँ जताते हुए चुटीले क्षणों का प्रतिसंसार प्रतिबिम्बित करती है—किन्तु उस प्रतिबिम्बन के छोर पर 'वह सुबह कभी तो आयेगी' वाला नाटकीय आशावाद टिमकता है। ऐसा लगता है कि नाटकीय चमत्कार के साथ एक झपाके दुनिया बदलने वाली है, फिर सब ठीक हो जायेगा। 'गोली दागो पोस्टर', सिंहासन पलटा नहीं, रक्त क्रान्ति आयी नहीं कि सब दुःख मिट जायेंगे।

नब्बे के बाद के कवियों में 'दुनिया रोज़ बदलती है' का एहसास अधिक घना है, कहीं अधिक घना है इस बात का एहसास कि कुछ नाटकीय ढंग से नहीं बदलने वाला, बाहरी क्रान्ति घटी भी तो पलटा खा जायेगी यदि अपने भीतर एक

नया मनुष्य, वर्ग-वर्ण-लिंग-सम्प्रदाय-जड़ित पूर्वग्रहों से मुक्त धीरोदात्त, धीरप्रशान्त, धीरललित, सीधा-सच्चा मनुष्य हमने पैदा नहीं किया, जो आत्मीय, घरेलू सम्बन्धों में भी इतना ही ईमानदार हो जितना राजनीतिक, सामाजिक, नागरिक दायित्वों के निर्वाह में, लालची भोक्ता-भाव से उबरकर बहुजन सुखाय काम करे और पर्यावरण-सजग भी हो। क्रोध और उग्रता को एक मूल्य के रूप में देखने की प्रवृत्ति भी कम हुई। न्याय के समानान्तर 'क्षमा' भी एक मूल्य के रूप में रेखांकित हुई। नब्बे के बाद के आतंकी हमलों और साम्प्रदायिक दंगों में व्याप्त उग्रता 'आँख के बदले आँख' वाली प्रचण्डता का नतीजा स्पष्ट कर ही गयी और त्याग और सहिष्णुता एक अनिवार्य मूल्य के रूप में स्थापित करती कई कविताएँ प्रायः हर कवि ने लिखीं जिन्हें असद जैदी ने 'सहमत' की ओर से प्रकाशित एक संग्रह में संकलित भी किया।

उनकी राजनीतिक चेतना पर संशय दरअसल उनकी संवेदनशीलता पर संशय है। हाँ, हम हिंसक प्रत्याक्रमण की सीमा समझ चुके हैं, और श्रेष्ठता ग्रन्थि की सीमा भी एक बेतरतीब समय की दाहकता हमें 'राइपनेस इज़ ऑल' वाली परिपक्वता का मर्म समझा गयी है! इससे पहले की पीढ़ी में सर्वोच्छेदवादी-सा एक ललछौंह गुस्सा था, दुनिया की सारी समस्याओं की कुंजी जेब में लिये घूमने का प्रचण्ड अभिमान इन लोगों को था। नब्बे के बाद के कवियों को मालूम है जन्नत की हक़ीक़त, फिर भी दिल को बहलाये रखने के ख़याल के रूप में, और स्पन्दित रखने वाले एक यूटोपिया के रूप में उन्होंने इगैगौलिटेरियन मूल्यों की ही अभ्यर्थना हमेशा की है, समता, स्वाधीनता और भाईचारा उनके भी वरेण्य आदर्श हैं, पर समता को उन्होंने 'वर्ग' के पार वर्ण-लिंग-सम्प्रदाय आदि तक जाने दिया है, यह अधिक मुक्त और विस्तृत स्वाधीनता है। किसी भी तरह के सेंसरशिप से इसका स्पष्ट विरोध है। और भाईचारे की सरहद भी इसने 'बहनापे' तक बढ़ाई है।

प्रत्याक्रमण को पहचान के लिए इस्तेमाल करने का तरीक़ा भी उन्हें सम्यक जान नहीं पड़ता। इस तरह से देखा जाये तो इस पीढ़ी में राजनीतिक और दार्शनिक जागरूकता का दायरा बढ़ा ही है, घटा नहीं है। बुद्ध को निवेदित गगन गिल का संकलन इसी आलोक में पढ़ना चाहिए। कुल मिलाकर हुआ यह है कि कविता भाषणधर्मी न रहकर संवादधर्मी हो गयी है, श्रेष्ठता ग्रन्थि से पीड़ित न रहकर आत्म-विश्लेषणात्मक हो गयी है। अन्तरंग विवरणों से गुज़रती हुई आपके मर्म तक यह उतरना चाहती है क्योंकि पता है इसे—जानना ही मानना है।

नब्बे के दशक में जिन कवियों के संकलन चर्चित हुए, वे सबके सब गहरे अर्थों में अन्तःपाठीय हैं! एक ध्रुवीय दुनिया का प्रभुत्व काटना तो था, यूनिफॉर्म में दुनिया मार्चपास्ट करती हुई न नज़र आये, एक भाषा बोलती हुई, एक तरह का

(मैकडोनाल्डीय) खाना खाती हुई, एक तरह के कपड़े पहने, एक तरह के संगीत पर थिरकती हुई—इसकी काट के लिए स्थानीय रंगत, नैतिक भूगोल और स्थानबोध रेखांकित होना ही था। यह समय की ज़रूरत थी।

सर्वोच्छेनवाद का नतीजा ये कवि देख चुके थे, इसलिए लोकपक्ष, मिथक, मुहावरे, कहावतें, स्थानीय चरित्र जनजीवन के सामान्य प्रसंग, बातचीत की घरेलू लय के प्रति ये अधिकाधिक संवेदनशील रहे। अधिकांश ने लोककथाओं का, मिथकीय और स्थानीय चरित्रों, लोकगीतों और मुहावरों-कहावतों का भी पुनर्रोपण राजनीतिक ज़मीन में किया—इसी अर्थ में उन्हें अन्तःपाठीय कह रही हूँ कि घरेलू चिट्ठी-पत्री, डायरी, कथा-कीर्तन—सबकी अनुगूँजें इनकी कविता में हैं और दुनिया के साथ स्वयं को बेहतर, गहरे अर्थों में नैतिक और व्यापक अर्थों में ज़िम्मेदार किये जाने की कोशिश भी। तरह-तरह के स्रोतों से शब्दों और प्रसंगों, मूल्यों से इन सबकी भाषा में एक अलग तरह का अन्तरंग प्रकाश भर आता है। तू-तू, मैं-मैं के तेवर ढह जाते हैं, हम की आन्तरिकता जग आती है, भाषणधर्मिता ढह जाती है और आपसी संवादों का सिलसिला शुरू होता है—पहले पत्थर पैदा हुए/फिर आग/फिर उस आग को बचाने वाले अलाव/फिर उन अलावों को बुझाने वाला इन्द्र—जो पैदा हुए, मरे नहीं—मारने वालों के विरुद्ध खड़े हुए, हम फूल थे/पत्थर बने/कड़े हुए। (बीज से फूल तक, पृ.33)

नब्बे के बाद के ये संग्रह पर्यावरण और प्रकृति-सजग भी अधिक हैं—जीवन-जगत् के पाँचों तत्त्वों—क्षिति-जल-पावक-गगन-समीर की सम्यक् उपस्थिति नये मनुष्य के भीतर और बाहर रहे, भीतर और बाहर का अन्तरंग संवाद बना रहे—इस पर भी इनका बल है!

सीमा उनकी यह है कि इन्होंने मैनिफेस्टो नहीं लिखे, इस तरह की सजग बहसें पहले नहीं छेड़ीं, गोष्ठियाँ नहीं कीं, संयुक्त संकलन नहीं निकाले, नुक्कड़ काव्य-पाठ का आयोजन करते हुए जनजीवन को साथ अँकवारा नहीं, इनके बाद वाली नयी पीढ़ी—इस अर्थ में ज़्यादा सजग है कि ब्लॉग पर ही सही, बहसें चलाती रही है। एक बात इस सन्दर्भ में मुझे यह कहनी है कि अपनी ही नहीं, अपने पसन्द की सब देशी-विदेशी कविताओं का सस्वर पाठ रह-रहकर हर नुक्कड़ पर हमें आयोजित करना ही चाहिए। ख़रीदो-ख़रीदो की गुहार लगाते उत्पाद विज्ञापनों के समकक्ष, उनके जवाब में कविता-पोस्टर भी जगह-जगह चिपका दिये जायें—यह ज़रूरी है।

स्त्री-कविता का ठिकाना

ज्ञान की सीढ़ियाँ चढ़ते हुए आप जिस संज्ञान तक पहुँचते हैं; शब्दों की सीढ़ियाँ चढ़ते हुए जिस गहन मौन तक, मेरा अकेलापन आपके अकेलेपन से जहाँ रू-ब-रू होता है, स्त्री-कविता वहीं एक चटाई-सी बिछाती है! जो भी चटाई बिछाता है, उसका सपना यही होता है कि पदानुक्रम टूट जायें, भेद-भाव की सारी संरचनाएँ टूट जायें, एक धरातल पर आ बैठें दुनिया के सारे ध्रुवान्त—आपबीती और जगबीती, ग़रीब-अमीर, स्त्री-पुरुष, श्वेत-अश्वेत, दलित-ग़ैर दलित, देहाती-शहराती, लोक और शास्त्र...!

कविता का केन्द्रीय औज़ार-रूपक भेद-भाव की सारी संरचनाएँ तोड़ता हुआ एक झप्पी-सी घटित करता है—मैको-माइक्रो, घरेलू और दूरस्थ वस्तुजगत् के बीच!

सहकारिता के दर्शन में कविता के गहरे विश्वास का एक प्रमाण यह भी कि जहाँ रूपक न भी फूटें, वहाँ नाटक से संवाद, कथाजगत् से चरित्र और वृत्तान्त वह उसी हक़ से उठा लाती है, जिस हक़ से हम बचपन में पड़ोस के घर से जामन उठा लाते थे। जामन कहीं से आता है, दही कहीं जम जाता है—एक तकनीक तो लोकजीवन से यह सीखी, दूसरी तकनीक जयप्रकाश आन्दोलन से—ख़ासकर उस भाषण में, जहाँ जेपी ने तुलसीदास की एक पंक्ति का पुनर्रोपण नयी राजनीतिक ज़मीन पर कुछ ऐसे किया कि उसका अर्थ ही बदल गया : 'अब लौं नसानी, अब न नसैहों!' मुसहरी ब्लॉक से भैया (अमिताभ राजन) भाषण सुनकर आये और जिस तरह मुझे उन्होंने इसकी नयी व्याप्ति समझाई, उससे ही अन्तःपाठीय गपशप का मर्म पहली बार उद्‌घाटित हुआ, ठीक वैसे कीर्तिशेष (श्यामनन्दन किशोर) से कविताओं की अन्त्याक्षरी खेलते हुए या रात में उनसे उनकी कविताएँ सुनते हुए नवों रस और अनगिनत ध्वनियों के सम-विषम मेल से घटित 'मोंताज' तकनीक का मर्म धीरे-धीरे समझ में आने लगा था। "कई-कई ध्वनियाँ कुण्डलिनी-सा गुँजलक मारे भाषिक अवचेतन में सोयी होती हैं, जिन्हें धैर्य से धीरे-धीरे जगाना होता है, तब खुलते हैं ख़ुदी के उस रंगमहल के दसों दरवाज़े।... कला का मूल धर्म है विरुद्धों का सामंजस्य! रस के सन्दर्भ में शुद्धतावादी होने की ज़रूरत नहीं—ज़्यादातर जीवन सन्दर्भों में नवों रस घुल-मिलकर बहते हैं।"

कुछ जो पिताजी समझाते थे, उसका सार मेरी समझ में यही आया। ऐसा ही

बाद में अपने अनुभव से भी यही जाना कि भोगने की प्रक्रिया जितनी जटिल है, भोग आत्मसात् करके एक दृष्टि के रूप में विकसित कर पाना उससे भी दुरूह। वर्णसंकरता और सहकारिता के विराट दर्शन में अकूत विश्वास के बावजूद कविता है तो शर्मीली-सी, कमसुखन विधा; ऊपर से आदमी भी एक क्लिष्ट जीव है–भोगे और कहे हुए, कहे और समझे हुए के बीच कई विचलनें घटित होती हैं। कविता की सतह पर तैरता, खेलता, नृत्य करता अर्थ उसका आभासी अर्थ हो सकता है, उसका प्रतीयमान अर्थ, पर असल अर्थ छुपा होता है शब्दों की फाँक में फैले दहराकाश में, जहाँ अन्तर्ध्वनियाँ सोयी होती हैं–ठीक वैसे ही जैसे सातों सुरों के बीच के अन्तराल में सोयी हज़ारों श्रुतियाँ!

शुरुआत प्रकृति, भाषा और सम्बन्धों का अवचेतन टटोलती रचनाओं से की थी; फिर स्त्री जीवन की विडम्बनाएँ टटोलती हुई *महाभारत* की स्त्रियों और *थेरीगाथा* की थेरियों तक पहुँची! इधर *विस्थापितों का बारहमासा* लिखा है और 'अमीर खुसरो' को निवेदित कुछ क़लाम लिखे हैं : इसी उम्मीद में कि एक अलाव-सा सुलग जाये आगत और विगत के बीच; इतिहास अपनी लालटेन ऊँची करे तो आगे का कुछ रास्ता सूझे!

फ़िलहाल तो यही दीख रहा है कि जो भूल पिछली शताब्दियों तक महावृत्तान्तों के कार्यान्वियन में हुई–फिर से दोहराई न जाये! धर्म और मार्क्सवाद, ये जो दो महावृत्तान्त थे–दोनों की मुख्य प्रपत्तियाँ तो साझा ही थीं–अहं-प्रबन्धन और परदुःखकातरता और उनके ध्वंस का कारण भी उभयनिष्ठ था–संवादहीनता से जन्मा यह भ्रम कि सत्य तो हमारी ही जेब में पड़ा हुआ रुमाल है, जो जानते हैं, हमीं जानते हैं, इस सत्य का कोई और पक्ष हो ही नहीं सकता! जैसे टूटी-फूटी चीज़ों से भी पेपरमैशी की सुन्दर मूर्तियाँ गढ़ ली जाती हैं, ध्वस्त महाप्रेमियों की किर्चियाँ चुनती हुई, करुणा-सम्बन्धी न्यायदृष्टि की, सर्वसमावेशी और संवादी न्यायदृष्टि की बात इस समय की कविता कर रही है! इसीलिए हँसमुख अन्तःपाठीयता इसकी मूल तकनीक के रूप में उभरी है!

...काव्यशास्त्र क्या है–नीतिशास्त्र और सौन्दर्यशास्त्र के उल्टे-सीधे फन्दों से बना नये पैटर्न का स्वेटर, जो हर युग अपने ठिठुरते दिनों के लिए रचता है। सधी उँगलियों से स्त्रियाँ इस स्वेटर का एक 'पल्ला' बुन चुकी हैं... उसका दूसरा 'पल्ला' स्वयं समय बुन रहा है। जल्दी ही पूरा हो जायेगा यह स्वेटर, ऐसी उम्मीद है। ठण्ड का क्या–वह तो बढ़ती जा रही है–लगातार–एक तरफ़ धरती का बुख़ार बढ़ रहा है, दूसरी तरफ़ रिश्तों की गर्मी मन्द पड़ रही है। ऐसे में स्त्रियों का ही आसरा है कि 'नवगति, नवलय, ताल छन्द नव' में आगे बढ़ती रहेंगी, उनकी सधी उँगलियाँ अपनी-अपनी सलाइयों पर।

□□